I

Edition
Die Barque

III

Katechismus

der

Steuermannskunst und Seemannschaft

von

A. Breusing und A. Bermpohl.

Reprint der zweiten Auflage
aus dem
Verlag von Heinrich Strack
Bremen 1863

Edition
Die Barque

IV

Impressum

ISBN 3-88412-287-8

Katechismus der Steuermannskunst und Seemannschaft

Reprint der zweiten Auflage aus dem Verlag von Heinrich Strack 1863
Ergänzt um historische Bildvorlagen

Herausgeber :	Edition Die Barque im DSV-Verlag
© 1998	DSV-Verlag GmbH, Hamburg
Layout / Satz:	OmniText, Hammer
Lithografie:	Reproform, Hamburg
Druck:	Busse-Druck, Herford

V

Inhalt

VI

Arithmetik

Was versteht man unter einer Größe ?

Größe ist wie Raum, Zeit u. a. ein ursprünglicher Begriff und läßt sich als solcher nicht erklären.

Welches Merkmal aber ist allen Größen gemein ?

Jede Größe muß einer Vermehrung und Verminderung fähig sein.

Mit welcher Art von Größen beschäftigt sich die Mathematik ?

Mit solchen, die als aus Theilen zusammengesetzt betrachtet werden können.

In welche Hauptzweige zerfällt die Mathematik ?

In die Arithmetik, welche die Zahlengrößen, und in die Geometrie, welche die Raumgrößen behandelt.

Was versteht man unter einer Zahl ?

Die Angabe einer Größe in Bezug auf eine andere, welche als Einheit angenommen wird.

Was für Arten von Zahlen unterscheidet man ?

Ganze, gebrochene und gemischte Zahlen.

Was sind ganze Zahlen ?

Solche, die durch bloße Wiederholung der Einheit gebildet werden können.

Was sind gebrochene Zahlen oder Brüche ?

Zahlen, die nur Theile der Einheit enthalten.

Wieviel Zahlen sind demnach nöthig, um einen Bruch darzustellen ?

Zwei, der Nenner und der Zähler.

Was ist der Nenner ?

Die Zahl, welche angiebt, in was für Theile die Einheit zerlegt ist.

Und was ist der Zähler ?

Die Zahl, welche angiebt, wieviel jener Theile genommen sind.

Was sind gemischte Zahlen ?

Solche, die aus einer ganzen Zahl und einem Bruche zusammengesetzt sind.

In welcher Form können freilich die gemischten Zahlen auch dargestellt werden ?

In der Form eines Bruches.

Wie nennt man solche Brüche ?

Unechte Brüche, im Gegensatz gegen die echten, welche kleiner als die Einheit sind.

Wie unterscheiden sich die echten und unechten Brüche in Bezug auf Zähler und Nenner?

Bei den echten Brüchen ist der Zähler kleiner als der Nenner, bei den unechten Brüchen ist der Zähler größer als der Nenner.

Kann man auch die ganzen Zahlen als Brüche betrachten?

Ja, als Brüche, deren Nenner 1 ist.

Was heißt Rechnen?

Aus zwei Zahlen eine dritte ableiten.

Wieviel Grundrechnungsarten gibt es?

Sieben; Addieren, Subtrahieren, Multiplicieren, Dividieren, Potenzieren, Radicieren und Logarithmieren.

Was heißt Addieren?

Das Vereinigen zweier gegebenen Zahlen zu einer Summe.

Wie heißen die gegebenen Zahlen?

Summanden.

Was heißt Subtrahieren?

Das Zerlegen einer gegebenen Summe in zwei Summanden, von denen der eine gegeben ist.

Wie heißt die gegebene Summe?

Der Minuend.

Wie heißt der gegebene Summand?

Der Subtrahend.

Wie heißt der gesuchte Summand?

> Der Unterschied.

Was heißt Multiplicieren?

> Das Vereinigen zweier gegebenen Zahlen zu einem Produkte.

Wie heißen die gegebenen Zahlen?

> Faktoren.

Wie kann man die Multiplication auch auffassen?

> Als wiederholte Addition desselben Summanden.

Wie heißt dann die Zahl, welche mehrmals als Summand gesetzt wird?

> Der Multiplicand.

Und wie heißt die Zahl, welche angiebt, wievielmal der Summand gesetzt ist?

> Der Multiplicator.

Wie kann man demnach ein Produkt erklären?

> Als eine Summe, die durch Addition gleicher Summanden gebildet ist.

Welcher Factor muß als Multiplicant und welcher als Multiplicator betrachtet werden?

> Es ist ganz gleichgültig, welcher der Factoren als Multiplicator und welcher als Multiplicant betrachtet wird.

Was heißt Dividieren?

> Das Zerlegen eines gegebenen Produkts in zwei Factoren, von denen der eine gegeben ist.

Wie heißt das gegebene Produkt ?

Der Dividend.

Wie heißt der gegebene Factor ?

Der Divisor.

Wie heißt der gesuchte Factor ?

Der Quotient.

Wie kann man die Division auch auffassen ?

Als wiederholte Subtraction desselben Subtrahenden.

Was für eine Zahl ist das Ergebnis, wenn ganze Zahlen addiert, oder subtrahiert, oder multipliciert werden ?

Immer wieder eine ganze Zahl.

Was aber, wenn ganze Zahlen durch einander dividiert werden ?

Dann kann der Quotient eine ganze Zahl, aber auch ein Bruch sein.

Was geschieht, wenn Zähler und Nenner eines Bruches mit derselben Zahl multipliciert oder durch dieselbe Zahl dividiert werden ?

Der Bruch wird auf eine andere Benennung gebracht, aber sein Werth bleibt ungeändert.

Wie werden Brüche addiert oder subtrahiert, die gleiche Nenner haben ?

Man addiert oder subtrahiert die Zähler unter Beibehaltung des Nenners.

Können Brüche addiert oder subtrahiert werden, die verschiedene Nenner haben?

Nur, wenn sie vorher auf gleiche Benennung gebracht sind.

Wodurch erhält man die gleiche Benennung?

Durch das kleinste gemeinschaftliche Vielfache sämmtlicher Nenner.

Wie wird dann jeder Bruch auf diese Benennung gebracht?

Man multiplicirt jeden Bruch im Zähler und Nenner mit demjenigen Factor, der mit dem Nenner multiplicirt den gemeinschaftlichen Nenner als Produkt giebt.

Wie multiplicirt man einen Bruch?

Indem man seinen Zähler multiplicirt.

Wie dividirt man einen Bruch?

Indem man seinen Nenner multiplicirt.

Wie multiplicirt man Brüche mit einander?

Indem man Zähler mit Zähler und Nenner mit Nenner multiplicirt.

Wie dividirt man durch einen Bruch?

Indem man ihn umkehrt und damit multiplicirt.

Wieviel Zahlen giebt es?

Unendlich viel.

Und wieviel Ziffern oder Zahlenzeichen?

Zehn.

Wie unterscheidet man dieselben ?

Als Null und neun geltende Ziffern.

Und wie ist es möglich, mit diesen wenigen Zeichen die unendliche Menge von Zahlen schreiben zu können ?

Diese Möglichkeit beruht darauf, daß man jeder Ziffer außer dem bestimmten Werthe, den sie an und für sich hat, noch einen besonderen Werth beilegt, jenachdem dieselbe eine verschiedene Stelle einnimmt.

Wie ändert sich denn dieser Stellenwerth ?

So, daß die Ziffer in der nächsten Stelle zur Linken einen zehnmal so großen Werth bekommt.

Und wie würde dasselbe Gesetz umgekehrt lauten ?

In der nächsten Stelle zur Rechten bekommt jede Zahl einen zehnmal so kleinen Werth.

Kann man dieses Gesetz auch auf solche Ziffern ausdehnen, die man noch rechts hinter die ganze Zahl schreibt ?

Allerdings, sobald dieselben nur, um Verwechslungen zu vermeiden, durch irgend ein Zeichen von den Ziffern der ganzen Zahl geschieden werden.

Durch welches Zeichen geschieht das ?

Durch ein Komma, welches aber in diesem Falle Dezimalstrich heißt.

Und wie nennt man die Bruchstellen ?

Einen Dezimalbruch.

Kann man auch einen Dezimalbruch schreiben, wenn keine ganze Zahl vorhergeht?

Gewiß, aber dann setzt man eine Null statt der ganzen Zahl.

Kann man auch die einzelnen Bruchziffern zusammenlesen als ganze Zahl?

Ja, dieselben können als ganze Zahl gelesen werden, wenn man dieser den Nenner der niedrigsten Ziffer giebt.

Woraus kann dieser Nenner nur bestehen?

Aus 1 mit angehängten Nullen.

Und zwar wie viel Nullen?

Aus soviel, als Bruchstellen da sind.

Warum muß man denn gerade diesen Nenner nehmen?

Er ist der gemeinschaftliche Nenner von allen Nennern der einzelnen Bruchziffern.

Wie kann man also einen Dezimalbruch erklären?

Als einen Bruch, dessen Nenner aus 1 mit soviel angehängten Nullen bestcht als Dezimalstellen da sind.

Wird der Werth eines Dezimalbruches durch Anhängung von Nullen geändert?

Nein.

Warum nicht?

Da der Werth der Ziffern lediglich davon abhängt, wie weit rechts oder links vom Dezi-

malstrich dieselben stehen, und dies durch
Anhängung von Nullen nicht geändert wird, so
kann auch der Werth des ganzen Bruches nicht
dadurch geändert werden.

Geht aber nicht doch eine Veränderung mit dem Bruche vor ?

Ja, in Bezug auf die Form, insofern der Bruch
auf eine andere Benennung gebracht wird.

Wie wird denn der Werth des Dezimalbruchs geändert, wenn
der Dezimalstrich verrückt wird ?

Wird der Dezimalstrich eine Stelle zur Rechten
gerückt, so wird der Bruch mit 10 multipliciert; wird er aber eine Stelle zur Linken
gerückt, so wird der Bruch durch 10 dividiert.

Wie werden Dezimalbrüche addiert ?

Man ordnet sie so, daß die Dezimalstriche in
einer Reihe über einander stehen, und addiert
dann, wie bei ganzen Zahlen.

Und wie werden Dezimalbrüche subtrahiert ?

Man ordnet sie mit den Dezimalstrichen in
einer Reihe übereinander und subtrahiert wie
bei ganzen Zahlen.

Wie werden Dezimalbrüche multipliciert ?

Man multipliciert wie mit ganzen Zahlen und
streicht dann im Produkte von der Rechten zur
Linken so viel Stellen ab, als die Factoren
zusammen haben. Sind nicht so viel Ziffern da,
so müssen Nullen vorgesetzt werden.

Wie verfährt man bei der Division von Dezimalbrüchen?

Man giebt dem Dividenden und Divisor durch Anhängung der nöthigen Anzahl Nullen gleichviel Stellen. Dann vernachlässigt man den Dezimalstrich und dividiert wie mit ganzen Zahlen.

Wie werden Dezimalbrüche abgekürzt?

Ist die wegzuwerfende Ziffer < 5, so vernachlässigt man sie ganz; ist sie aber = oder > 5, so vermehrt man die vorhergehende Ziffer zur Linken um 1.

Auf welchem Grundsatze beruht dieses Verfahren?

Darauf, daß man den kleinstmöglichen Fehler begeht.

Wie wird ein gemeiner Bruch in einen Dezimalbruch verwandelt?

Indem man den Zähler durch den Nenner dividiert.

Bei welchen Rechnungen in der Steuermannskunst findet dies vorzugsweise Anwendung?

Bei der Verwandlung von Stunden und Minuten in Dezimalbruchtheile eine Tages.

Wie geschieht das?

Da eine Minute als gemeiner Bruchtheil = $1/_{60}$ Stunde ist, mithin eine Anzahl Minuten eben soviel Sechzigstel von einer Stunde beträgt, so muß man die Minuten durch 60 dividieren, um dieselben in Dezimalbruchtheile einer Stunde zu verwandeln. Und da eine Stunde als gemeiner Bruchtheil = $^1/_{24}$ Tag ist, mithin eine Anzahl Stunden ebensoviel Vierundzwanzigstel von einem Tage beträgt, so muß man die Stunden durch 24 dividieren, um dieselben in Dezimalbruchtheile eines Tages zu verwandeln.

Wie erhält man verschiedene Formen für denselben Zahlenwerth?

Dadurch, daß man verschiedene Rechnungsarten anwendet, denselben aus andern entstehen zu lassen.

Welche Formen z. B. unterscheidet man?

Summenform, Unterschiedsform, Produktenform, Quotientenform.

Wie nennt man zwei Größen, deren Unterschied = 0 ist?

Gleich.

Wie nennt man zwei Größen, deren Summe = 0 ist?

Entgegengesetzte Größen.

Was sind Beispiele solcher Größen?

Gewinn und Verlust, Steigen und Fallen u. a.

Welches Beispiel liegt in der Arithmetik wohl am nächsten?

Eine zu addierende und zugleich zu subtrahierende Zahl.

Welche Zeichen hat man deshalb auch zur Bezeichnung entgegengesetzter Größen gewählt?

Das Zeichen der Addition und Subtraction, oder + und −.

Wie heißen die mit + bezeichneten Größen?

Positive.

Und wie die mit − bezeichneten?

Negative.

Wie werden Zahlen mit Rücksicht auf ihre Vorzeichen addirt?

Bei gleichen Vorzeichen giebt man der Summe der Zahlenwerthe das gemeinschaftliche Vorzeichen; bei ungleichen Vorzeichen subtrahirt man den kleineren Zahlenwerth vom größeren und giebt dem Unterschiede das Vorzeichen des größeren.

Wie werden Zahlenwerthe mit Rücksicht auf die Vorzeichen subtrahirt?

Man verwandelt die Subtraction in eine Addition, indem man dem Subtrahenden das entgegengesetzte Zeichen giebt und ihn addirt.

Kann man auch umgekehrt die Addition in eine Subtraction verwandeln?

Ja, man kann jeden Summanden als einen Subtrahenden mit entgegengesetztem Zeichen betrachten.

Wie werden Zahlengrößen in Bezug auf ihre Vorzeichen multipliciert ?

Gleiche Vorzeichen der Factoren geben ein positives Produkt, ungleiche ein negatives.

Wie werden Zahlengrößen mit Rücksicht auf ihre Vorzeichen dividiert ?

Gleiche Vorzeichen im Dividenden und Divisor geben einen positiven Quotienten, ungleiche einen negativen.

Welche Zeichen benutzt man, um Größen allgemein auszudrücken ?

Die Buchstaben.

Welche Bezeichnung gebraucht man, um anzudeuten, daß mit mehreren Größen dieselbe Rechnung vorgenommen werden soll ?

Man schließt sie in Klammern ein.

Wie hat man sich bei Auflösung der Klammern zu verhalten, wenn ein + oder − Zeichen vor der Klammer steht ?

Ein + Zeichen vor der Klammer läßt jedes Zeichen innerhalb der Klammer unverändert; ein − Zeichen dagegen ändert jedes Zeichen innerhalb der Klammer.

Und wie, wenn ein Factor oder Divisor neben der Klammer steht ?

Man hat jedes Glied in der Klammer mit dem Factor zu multipliciren oder durch den Divisor zu dividiren.

Wodurch entsteht eine Gleichung?

> Dadurch daß zwei Zahlenausdrücke durch ein Gleichheitszeichen verbunden werden.

Was unterscheidet man an der Gleichung?

> Die beiden Seiten als rechte und linke.

Und wie nennt man die durch + und − verbundenen Größen auf jeder Seite?

> Die Glieder der Gleichung.

Welche Arten von Gleichungen giebt es?

> Identische und Bestimmungsgleichungen.

Welche Gleichungen heißen identisch?

> Diejenigen, deren eine Seite nur eine Entwickelung der andern ist.

Und was versteht man unter einer Bestimmungsgleichung?

> Eine Gleichung, die nur dadurch richtig wird, daß für eine in derselben enthaltene Größe ein bestimmter Werth gesetzt wird.

Wie nennt man eine solche Größe, für welche ein bestimmter Werth festgestellt werden muß?

> Eine unbekannte.

Und wodurch geschieht die Feststellung dieses Werthes?

> Durch Auflösung der Gleichung.

Wodurch wird die Auflösung einer Gleichung ermöglicht?

> Durch die Umformung derselben.

Auf welchem Satze beruht diese ?

Auf dem Satze, daß allemal eine Gleichung bestehen bleibt, wenn mit jeder Seite der Gleichung dieselbe Rechnungsart vorgenommen wird.

Was ist nun das Ziel der Umformung ?

Die Lösung der unbekannten Größe von jeder Verbindung mit den andern, als bekannt angenommenen Größen, bis erstere allein die eine Seite der Gleichung bildet.

Welches allgemeine Verfahren kann man dafür angeben ?

Man schafft zunächst die Brüche weg, indem man beide Seiten der Gleichung mit dem gemeinschaftlichen Nenner multiplicirt, bringt dann die Bekannten auf die eine und die Unbekannten auf die andere Seite, sondert die Unbekannte von ihren Factoren ab, indem man diese letzteren durch Einschließung in Klammern zu einem einzigen vereinigt, und dividirt schließlich beide Seiten durch diesen Factor der Unbekannten.

Ist dies Verfahren nothwendig bei jeder Gleichung anzuwenden ?

Bei manchen ist schon auf kürzerem Wege zum Ziele zu gelangen.

Was versteht man unter dem Verhältnis zweier Größen ?

Die Angabe, wievielmal die eine Größe in der anderen enthalten ist.

Durch welche Rechnungsart erhält man diese Angabe?

Durch die Division.

Was wird durch das Verhältnis zweier Größen also eigentlich nur bezeichnet?

Ihr Quotient.

Und wodurch entsteht eine Verhältnisgleichung?

Durch Gleichsetzung zweier Quotienten.

Wieviel Glieder hat also jede Verhältnisgleichung?

Vier.

Und was ist das Grundgesetz für jede Verhältnisgleichung?

Das Produkt der äußeren Glieder ist gleich dem Produkte der inneren Glieder.

Wie findet man ein unbekanntes Glied aus den drei bekannten?

Um ein äußeres Glied zu finden, hat man das Produkt der inneren Glieder durch das andere äußere zu dividieren;

und um ein inneres Glied zu finden, hat man das Produkt der äußeren durch das andere innere Glied zu dividieren.

Wie kann man aus zwei gleichen Produkten von je zwei Factoren eine Verhältnisgleichung herstellen?

Indem man die Factoren des einen Produktes zu äußeren und die Factoren des anderen Produktes zu inneren Gliedern macht.

Was heißt Potenzieren ?

Ein Produkt aus gleichen Factoren bilden.

Wie wird nämlich ein Produkt aus gleichen Factoren genannt ?

Eine Potenz.

Wie heißt der Factor, durch dessen mehrmaliges Setzen das Produkt gebildet wird ?

Der Grundfactor.

Und wie heißt die Zahl, welche angibt, wievielmal der Grundfactor gesetzt wird ?

Der Potenzexponent.

Wie bezeichnet man die Potenz, die durch $m$maliges Setzen des Factors a entsteht ?

Als die $m$te Potenz von a.

Wie nennt man die zweite Potenz auch ?

Das Quadrat.

Und wie die dritte ?

Den Kubus oder Würfel.

Wie werden Potenzen desselben Grundfactors multipliciert ?

Indem man die Exponenten addiert.

Wie werden Potenzen desselben Grundfactors dividiert ?

Indem man den Exponenten des Divisors von dem Exponenten des Dividenden subtrahiert.

Auf welche Potenz kommt man bei dieser Division, wenn die Exponenten gleich sind, oder die Anzahl der Factoren im Dividenden und Divisor dieselbe ist ?

Auf die nullte Potenz.

Was ist demnach der Werth der nullten Potenz für jeden Grundfactor ?

Eins.

Und auf was für eine Potenz kommt man, wenn der Exponent des Divisors größer ist, als der Exponent des Dividenden ?

Auf eine Potenz mit negativem Exponenten.

Was bedeutet demnach eine Potenz mit negativem Exponenten ?

Den umgekehrten Werth derselben Potenz mit positivem Exponenten.

Wie wird ein Produkt potenziert ?

Indem man die Factoren potenziert.

Wie wird ein Bruch potenziert ?

Indem man die Zähler und Nenner potenziert.

Wie wird eine Potenz potenziert ?

Indem man den Potenzexponenten mit dem neuen Exponenten multipliziert.

Was ist der entwickelte Werth für das Quadrat der Summe zweier Größen ?

Die Summe der Quadrate plus dem doppelten Produkte beider Größen.

Was ist der entwickelte Werth für das Quadrat des Unterschieds zweier Größen?

Die Summe der Quadrate minus dem doppelten Produkte beider Größen.

Was ist das Produkt aus der Summe und dem Unterschiede zweier Größen?

Der Unterschied der Quadrate beider Größen.

Was heißt Radiziren?

Die Zahl bestimmen, welche soundsovielmal als Factor gesetzt eine gegebene Zahl als Produkt giebt.

Wie wird also die gegebene Zahl angesehen?

Als eine Potenz der gesuchten Zahl.

Wie heißt diese Potenz aber hier?

Schlechtweg die Zahl.

Und welche Bedeutung hat die gesuchte Zahl?

Die des Grundfactors.

Wie nennt man aber den Grundfactor in diesem Falle?

Die Wurzel.

Und wie heißt die Zahl, welche angiebt, in wieviel gleiche Factoren die gegebene Zahl zerlegt gedacht wird?

Der Wurzelexponent.

Wie bezeichnet man die Zahl, durch deren *m*maliges Setzen die Zahl *z* entsteht?

Als die *m*te Wurzel von *z*.

Wie heißt die zweite Wurzel auch?

Die Quadratwurzel.

Und wie die dritte Wurzel?

Kubikwurzel.

In welcher Beziehung stehen Radizieren und Potenzieren zu einander?

Sie heben einander auf.

Wie radiziert man ein Produkt?

Indem man jeden Factor radiziert.

Wie radiziert man einen Bruch?

Indem man Zähler und Nenner radiziert.

Wie radiziert man eine Potenz?

Indem man den Potenzexponenten durch den Wurzelexponenten dividiert.

Wie radiziert man eine Wurzel?

Indem man die Wurzelexponenten mit einander multipliziert.

Was heißt Logarithmieren?

Zu einem gegebenen Grundfactor und einer gegebenen Potenz den Exponenten suchen.

Was versteht man nämlich unter einem Logarithmen ?

Den Exponenten, der angiebt, auf welche Potenz ein bestimmter Grundfactor erhoben werden muß, damit eine gegebene Zahl entstehe.

Wie nennt man den gegebenen Grundfactor in diesem Falle ?

Die Grundzahl.

Und wie die Zahl, welche als Potenz des Grundfactors angesehen werden soll ?

Schlechtweg die Zahl.

Was ist z. B. der Logarithme der Zahl 64 für die Grundzahl 4 ?

Drei.

Weshalb ?

Weil die Grundzahl 4 auf die dritte Potenz erhoben werden muß, damit die Zahl 64 entstehe.

Was würde aber der Logarithme derselben Zahl 64 für die Grundzahl 2 sein ?

Sechs.

Warum ?

Weil die Grundzahl 2 auf die sechste Potenz erhoben werden muß, damit die Zahl 64 entstehe.

Auf welcher Lehre beruht nun die Rechnung mit Logarithmen ?

Auf der Lehre von den Potenzen.

Wie erhält man den Logarithmen eines Produkts ?

Indem man die Logarithmen der Factoren addiert.

Wie erhält man den Logarithmen eines Bruches ?

Indem man den Logarithmen des Nenners von dem des Zählers subtrahiert.

Wie erhält man den Logarithmen einer Potenz ?

Indem man den Logarithmen des Grundfactors mit dem Potenzexponenten multiplicirt.

Wie erhält man den Logarithmen einer Wurzel ?

Indem man den Logarithmen der Zahl durch den Wurzelexponenten dividirt.

Was versteht man unter einem Logarithmensysteme ?

Die Reihe aller Logarithmen, welche zu einer und derselben Grundzahl gehören.

Welches System kommt bei den gewöhnlichen Rechnungen allein in Anwendung ?

Das Logarithmensystem, dessen Grundzahl 10 ist.

Wie heißen die Logarithmen dieses Systems ?

Die gemeinen Logarithmen.

Für welche Zahlen ist in diesem Systeme der Logarithme eine ganze Zahl ?

Für alle diejenigen, welche aus 1 mit angehängten Nullen bestehen.

Und wie groß ist dieser Logarithme ?

Gleich der Anzahl der Nullen in der Zahl.

Woraus müssen die Logarithmen aller übrigen Zahlen bestehen ?

Aus einer ganzen Zahl mit angehängtem Dezimalbruch.

Wie nennt man eine ganze Zahl im Logarithmen ?

Die Kennziffer.

Und wie den angehängten Dezimalbruch ?

Die Mantisse.

Wovon ist die Kennziffer allein abhängig ?

Vom Range der höchsten Ziffer.

Und wie groß ist die Kennziffer ?

Gleich dem Logarithmen der Stelleneinheit der höchsten Ziffer.

Welche Aenderung erleidet der Logarithme einer Zahl, wenn der Dezimalstrich in derselben verschoben wird, d. h. die Zahl mit 10, 100, 1000 u. s. w. multipliciert oder dividiert wird ?

Nur die Kennziffer ändert sich, während die Mantisse bleibt.

Wie hat man demnach die Mantisse für einen Dezimalbruch zu finden ?

Man sucht unter Vernachlässigung des Dezimalstrichs die Mantisse für die Reihe der Ziffern, als ob man eine ganze Zahl hätte.

Wie verändert man die Form eines echten Dezimalbruches, um dessen Kennziffer zu bestimmen?

Man denkt sich den Dezimalstrich hinter die erste geltende Ziffer geschoben und dividiert zugleich durch den Nenner dieser höchsten Ziffer des Dezimalbruches; der Bruch in dieser Darstellung hat dann den ursprünglichen Werth des Dezimalbruches.

Was folgt daraus für die Kennziffer eines Dezimalbruches?

Dieselbe ist gleich dem Logarithmen des Nenners der höchsten Ziffer, aber negativ.

Was ist demnach die ganz allgemeine Regel zur Bestimmung der Kennziffer?

Die Kennziffer ist allemal gleich dem Logarithmen der Stelleneinheit der höchsten Ziffer.

Was hat man bei logarithmischen Rechnungen in Bezug auf Mantisse und Kennziffer zu vermeiden?

Die Mantisse darf nicht negativ und die Kennziffer kein Bruch werden.

Welcher Grundsatz dient, dies zu vermeiden?

Der Grundsatz, daß der Werth einer Zahl ungeändert bleibt, wenn man eine andere dazu addiert und zugleich davon subtrahiert.

Was versteht man unter der dekadischen Ergänzung einer Zahl?

Den Unterschied, den man erhält, wenn man die Zahl von 10 subtrahiert.

Wie kann man mit Hülfe derselben die Subtraction eines Logarithmen in eine Addition verwandeln ?

Statt einen Logarithmen zu subtrahieren, addiert man seine dekadische Ergänzung, den sogenannten Cologarithmen, mit angehäng ter −10.

Geometrische Vorkenntnisse

Wieviel Grundrichtungen oder Ausdehnungen hat der unendliche Raum ?

Drei.

Was versteht man unter einem Körper ?

Ein begrenztes Stück Raum.

Wieviel Ausdehnungen hat also der Körper ?

Drei.

Und wie heißen dieselben ?

Länge, Breite, Dicke; diese letztere aber auch Höhe oder Tiefe.

Wie heißen die Grenzen des Körpers ?

Flächen.

Wieviel Ausdehnungen hat demzufolge die Fläche ?

Nur zwei, nämlich Länge und Breite.

Und wie heißt ein begrenzter Flächenraum ?

Eine Figur.

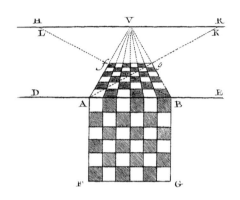

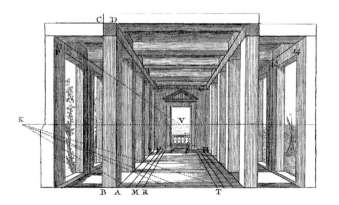

Aus der Geometrie

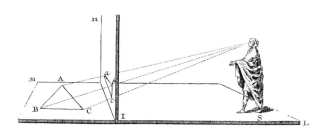

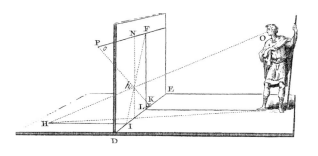

Spiegelung und Winkelfunktion

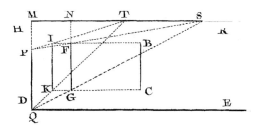

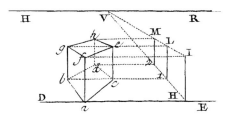

Aus der Winkelfunktion

Wie heißen die Grenzen der Fläche?

Linien.

Wieviel Ausdehnungen hat demnach eine Linie?

Bloß eine, nämlich Länge.

Welches sind die Grenzen der Linie?

Punkte.

Wieviel Ausdehnungen hat dieser also?

Gar keine.

Wie kann man sich eine Linie auch entstanden denken?

Durch die Bewegung eines Punktes.

Und was für Linien unterscheidet man?

Gerade und krumme.

Wie entsteht eine gerade Linie?

Wenn der sich bewegende Punkt seine Richtung nicht ändert.

Und wie eine krumme?

Wenn der sich bewegende Punkt seine Richtung stetig ändert.

Unterscheidet man ebenso mehrere Arten von Flächen?

Ja; gerade Flächen oder Ebenen, und krumme Flächen.

Was versteht man unter einer geraden Fläche oder Ebene?

Eine Fläche, mit der eine gerade Linie nach allen Richtungen zusammenfallen kann.

Welche Eigenschaft ist der geraden Linie als solcher eigenthümlich?

Sie ist der kürzeste Weg zwischen zwei Punkten.

Welche krumme Linie ist die wichtigste?

Die Kreislinie.

Was versteht man darunter?

Eine geschlossene krumme Linie, welche von einem innerhalb liegenden Punkte überall gleichweit absteht.

Wie heißt demnach dieser Punkt?

Mittelpunkt.

Wie heißen die vom Mittelpunkte an die Kreislinie gezogenen geraden Linien?

Halbmesser.

Was folgt für dieselben aus der Erklärung der Kreislinie?

Sie sind einander gleich.

Wie heißt ein Stück der Kreislinie?

Ein Bogen.

Und was versteht man unter einer Sehne?

Die gerade Verbindungslinie zwischen zwei Punkten der Kreislinie.

Wie heißt die Sehne durch den Mittelpunkt?

Durchmesser.

Was zeichnet denselben vor andern Sehnen aus?

Er ist die größeste Sehne.

Worauf beruht dies?

Die dem Mittelpunkte nähere Sehne ist die größere.

Wie kann man den Durchmesser auch betrachten?

Als doppelten Halbmesser.

Was folgt daraus?

Durchmesser desselben Kreises sind einander gleich.

Was ist eine Berührungslinie?

Eine gerade Linie, welche mit der Kreislinie nur einen einzigen Punkt gemein hat.

Wie kann man sich dieselbe entstanden denken?

Indem sich eine, die Kreislinie schneidende Gerade vom Mittelpunkte fortbewegt. Dann rücken die Durchschnittspunkte einander immer näher, bis sie zuletzt in einen zusammenfallen und die Schneidende eine Berührungslinie wird.

Welche Eigenschaft der Berührungslinie ist vor allem bemerkenswerth?

Sie giebt für den Berührungspunkt die Richtung der Kreislinie an.

Welche Verschiedenheit der Lage kann zwischen zwei Geraden in derselben Ebene stattfinden?

Sie haben entweder dieselbe Richtung, dann

treffen sie sich nie, man mag sie verlängern, soweit man will; oder sie haben eine verschiedene Richtung, dann müssen sie sich treffen oder durchschneiden.

Wie heißen sie im ersteren Falle?

Parallelen oder Gleisen.

Und was bilden sie im anderen Falle?

Einen Winkel.

Was hat man nämlich unter Winkel zu verstehen?

Die Richtungsverschiedenheit zweier Linien.

Wie nennt man die Linien, von denen der Winkel gebildet wird?

Die Schenkel des Winkels.

Und wie den Durchschnittspunkt?

Den Scheitel oder die Winkelspitze.

Hängt die Größe des Winkels von der Größe der Schenkel ab?

Nein; da die Richtung einer Linie durch ihre Verlängerung nicht geändert wird, so kann auch die Richtungsverschiedenheit zweier Linien durch ihre Verlängerung nicht geändert werden.

Wie kann man sich einen Winkel entstanden denken?

Dadurch, daß eine gerade Linie um einen festen Endpunkt gedreht wird.

Wovon hängt dann offenbar die Größe des Winkels ab?

Von der Größe der Drehung.

Was wird geschehen, wenn die Linie ihre Umdrehung vollendet hat?

Sie wird in die ursprüngliche Lage zurückgekehrt sein.

Welche Lage muß sie also haben, wenn die halbe Umdrehung vollendet ist?

Die gerade entgegengesetzte, d. h. die beiden Linien werden in einer geraden Linie auseinanderfallen.

Wie heißt ein solcher Winkel?

Ein gerader oder gestreckter.

Wie heißt ein Winkel, der durch eine Viertelumdrehung gebildet wird?

Ein rechter.

Und wie nennt man eine Linie, welche mit einer andern einen rechten Winkel macht?

Ein Loth auf oder gegen dieselbe.

Wie nennt man allgemein die Winkel, welche nicht rechte sind?

Schiefe Winkel.

Wie teilt man die schiefen Winkel wieder ein?

In spitze und stumpfe.

Welche Winkel heißen spitz?

Die, welche kleiner sind als ein rechter.

Und welche stumpf ?

Die, welche größer sind als ein rechter.

Wie entsteht ein Nebenwinkel ?

Wenn man den Schenkel eines Winkels über die Winkelspitze hinaus verlängert.

Was bilden beide Winkel zusammen ?

Einen gestreckten Winkel.

Wie groß ist demnach ein Winkel, der seinem Nebenwinkel gleich ist ?

Ein rechter Winkel.

Und was sind die Nebenwinkel von gleichen Winkeln ?

Einander gleich.

Wie heißt ein Winkel, der einen andern zu einem rechten ergänzt ?

Das Complement des andern.

Wie heißt ein Winkel, der einen andern zu einem gestreckten Winkel ergänzt ?

Das Supplement des andern.

Wie entsteht ein Scheitelwinkel ?

Wenn beide Schenkel über die Winkelspitze hinaus verlängert werden.

Wo liegt dann der Scheitelwinkel ?

Zwischen den Verlängerungen.

Welcher Satz gilt von den Scheitelwinkeln?

Scheitelwinkel sind einander gleich.

Wenn wir einen Winkel durch Drehung entstanden denken, können wir dann nicht auch die Drehung selbst durch eine Linie versinnlichen?

Ja, weil jeder Punkt der gedrehten Linie eine Kreislinie beschreibt.

Entspricht denn die Größe der Kreislinie auch in jeder Weise der Größe der Drehung?

Ja, wie der ganzen Umdrehung eine ganze Kreislinie, so entspricht einem Bruchtheile der Umdrehung derselbe Bruchtheil der Kreislinie.

Macht die Größe des Halbmessers dabei keinen Unterschied?

Nein, jede Kreislinie, mit welchem Halbmesser sie immerhin auch beschrieben sein mag, versinnlicht eine Umdrehung.

Wozu bietet demnach die Kreislinie ein bequemes Mittel?

Zur Winkelmessung.

Wie hat man sie zu dem Ende eingetheilt?

In 360 Theile, Grade genannt.

Was ist also unter einem Grade zu verstehen?

$1/360$ Kreislinie oder $1/360$ Umdrehung.

Und wie wird jeder Grad wieder eingetheilt?

In 60 Theile, Minuten genannt.

Und jede Minute?

In 60 Theile, Sekunden genannt.

Welche andere Kreistheilung hat man noch?

Die Theilung in 24 Stunden.

Woher rührt diese?

Daher, daß die Zeit, in welcher die Sonne eine tägliche Umdrehung vollendet, auch in 24 Stunden getheilt wird.

Wie theilt man die Stunde ein?

In 60 Theile, Minuten genannt.

Und die Minute?

In 60 Theile, Sekunden genannt.

Wie unterscheidet man, um Zweideutigkeiten zu verhüten, die letztere und die vorhergehende Kreistheilung?

Die Winkelmessung nach Graden, Minuten und Sekunden nennt man Bogenmaß; die nach Stunden, Minuten und Sekunden dagegen Zeitmaß.

Wie stellt sich denn die Vergleichung beider Maße?

Es ist 1 Stunde = 15 Grad.
1 Zeitminute = 15 Bogenminuten.
1 Zeitsekunde = 15 Bogensekunden.

Und umgekehrt?

Es ist 1 Grad = 4 Zeitminuten.
1 Bogenminute = 4 Zeitsekunden.

Wie verfährt man demnach, um Zeit in Bogen zu verwandeln?

Man multipliciert die Stundenzahl mit 15 und dividirt die Anzahl Zeitminuten durch 4. Jenes Produkt und dieser Quotient addirt giebt die Anzahl Grade. Dann multipliciert man den Rest der Zeitminuten mit 15 und dividirt die Anzahl der Zeitsekunden durch 4. Jenes Produkt und dieser Quotient addirt giebt die Anzahl Bogenminuten; den Rest der Zeitsekunden multipliciert man mit 15, dadurch erhält man die Anzahl Bogensekunden.

Und wie verfährt man umgekehrt, um Bogen in Zeit zu verwandeln?

Man dividirt die Anzahl der Grade durch 15, dadurch erhält man die Stunden. Den Rest der Grade multipliciert man mit 4 und die Anzahl der Bogenminuten dividirt man durch 15. Jenes Produkt und dieser Quotient addirt giebt die Anzahl der Zeitminuten. Den Rest der Bogenminuten multipliciert man mit 4 und die Anzahl der Bogensekunden dividirt man durch 15. Jenes Produkt und dieser Quotient addirt giebt die Anzahl Zeitsekunden.

Welche dritte Art der Kreistheilung giebt es noch?

Die seemännische, wonach die Umdrehung in 4 mal 8 Striche getheilt wird.

Wie groß ist demnach 1 Strich in Bogenmaß?

11 $1/_4$° oder 11° 15'.

Wo findet diese Theilung vorzugsweise Anwendung?

Beim Kompaß.

Und in welchem Sinne werden hier die Striche gezählt?

Von Nord und Süd nach Ost und West.

Wie findet man den Winkel zwischen zwei Kompaßstrichen?

Dabei sind 4 Fälle zu unterscheiden: Liegen die beiden Striche in dem selben Kompaßviertel, so nimmt man ihren Unterschied; liegen sie in nebeneinanderliegenden Kompaßvierteln um den Nord- oder Südstrich, so nimmt man ihre Summe; liegen sie in nebeneinanderliegenden Kompaßvierteln um den Ost- oder Weststrich, so nimmt man das Supplement ihrer Summe; liegen sie in gegenüberliegenden Kompaßvierteln, so nimmt man das Supplement ihres Unterschieds.

Was für Arten von Figuren unterscheidet man im Allgemeinen?

Geradlinige und krummlinige.

Wie heißen die Linien, von denen die Figur begrenzt wird?

Seiten der Figur.

Und die Summe?

Umfang der Figur.

Wonach benennt man die Figuren?

Nach der Anzahl der Seiten.

Was ist also ein Dreieck?

Eine Figur von 3 Seiten.

Und ein Vieleck?

Eine Figur von vielen Seiten.

Wie pflegt man Stücke in einem Dreieck zu bezeichnen?

Die Winkel mit griechischen Buchstaben wie die Winkelspitzen, die Seiten mit kleinen lateinischen Buchstaben wie die gegenüberliegenden Winkel.

Welche Beziehung zwischen den drei Seiten eines Dreiecks folgt unmittelbar aus dem Begriffe der geraden Linie?

Die Summe zweier Seiten ist allemal größer als die dritte.

Wonach unterscheidet man die Dreiecke?

Entweder nach der Größe ihrer Seiten oder nach der Größe ihrer Winkel.

Wie unterscheidet man die Dreiecke nach der Größe ihrer Seiten?

In gleichseitige, gleichschenklige und ungleichseitige.

Welches Dreieck heißt gleichseitig?

Ein Dreieck, in dem alle drei Seiten gleich sind.

Und welches gleichschenklig ?

Ein Dreieck, in dem zwei Seiten gleich sind.

Wie nennt man diese gleichen Seiten ?

Schenkel.

Und die dritte Seite ?

Die Grundlinie.

Welches Dreieck endlich heißt ungleichseitig ?

Ein Dreieck, in dem keine Seite der anderen gleich ist.

Wie unterscheidet man die Dreiecke nach der Größe ihrer Winkel ?

In rechtwinklige und schiefwinklige.

Welche Dreiecke heißen rechtwinklig ?

Die, welche einen rechten Winkel haben.

Welche besondere Namen erhalten die Seiten des rechtwinkligen Dreiecks ?

Die dem rechten Winkel anliegenden Seiten heißen die Katheten, die ihm gegenüberliegende heißt die Hypotenuse.

Welche Arten von schiefwinkligen Dreiecken unterscheidet man ?

Stumpfwinklige und spitzwinklige.

Welche Dreiecke heißen stumpfwinklig ?

Die, welche einen stumpfen Winkel haben.

Und welche spitzwinklig ?

Die, welche nur spitze Winkel haben.

Wodurch entsteht der Außenwinkel eines Dreiecks ?

Durch Verlängerung einer Seite.

Wieviel Außenwinkel können also an jeder Ecke entstehen ?

Zwei.

Sind dieselben indeß verschieden ?

Nein, als Scheitelwinkel sind sie einander gleich.

Wie heißt ein Viereck, in dem die gegenüberliegenden Seiten parallel sind ?

Ein Parallelogramm oder Gleiseck.

Und wie ein Gleiseck, dessen Winkel rechte sind ?

Ein Rechteck.

Und wie ein Rechteck, dessen Seiten gleich sind ?

Ein Quadrat.

Und wie heißt die von der Kreislinie gebildete Figur schlechtweg ?

Kreis.

Wie aber die Kreislinie im Gegensatze gegen den eingeschlossenen Raum ?

Umring.

Was ist ein Umringswinkel ?

Ein von zwei Sehnen gebildeter Winkel, dessen Scheitel auf den Umring fällt.

Und was ist ein Mittelpunktswinkel?

Ein von zwei Halbmessern gebildeter Winkel, dessen Scheitel also in den Mittelpunkt fällt.

Was ist ein Kreisabschnitt?

Eine von einem Bogen und einer Sehne gebildete Figur.

Und was ein Kreisausschnitt?

Eine von einem Bogen und zwei Halbmessern gebildete Figur.

Welche Kreisausschnitte haben noch besondere Namen?

Ein Achtelkreis heißt ein Oktant, ein Sechstelkreis ein Sextant, ein Viertelkreis ein Quadrant.

Wieviel Winkel entstehen am Durchschnittspunkte zweier Linien?

Vier.

Wieviel also, wenn zwei parallele Linien von einer dritten geschnitten werden?

Acht.

Wie unterscheiden sich diese Winkel unmittelbar?

Als äußere und innere Winkel.

Welche Winkelpaare tragen noch besondere Namen?

Gegenwinkel und Wechselwinkel.

Was sind Gegenwinkel?

Zwei auf derselben Seite der schneidenden Linie liegende Winkel, von denen der eine ein äußerer und der andere ein innerer ist, die aber selbstverständlich keine Nebenwinkel sind.

Und was sind Wechselwinkel?

Zwei auf verschiedenen Seiten der schneidenden Linie liegende innere Winkel, die aber selbstverständlich keine Nebenwinkel sind.

Welcher Satz für die Gegenwinkel folgt unmittelbar aus dem Begriffe der Parallellinien?

Gegenwinkel sind einander gleich.

Und welcher Satz läßt sich auch für die Wechselwinkel beweisen?

Wechselwinkel sind einander gleich.

Welcher Satz vom Außenwinkel gründet sich unmittelbar hierauf?

Der Außenwinkel eines Dreiecks ist so groß als die Summe der beiden innern, welche nicht Nebenwinkel von ihm sind.

Und wenn er so groß ist als die Summe, was gilt dann von ihm in Bezug auf jeden einzelnen?

Der Außenwinkel ist größer, als jeder der innern, die nicht Nebenwinkel von ihm sind.

Gilt auch die Umkehrung von dem Satze, daß die Gegenwinkel an Parallelen gleich sind?

Ja, werden zwei Linien von einer dritten
geschnitten und die Gegenwinkel sind einander gleich, so sind die Linien parallel.

Wie groß ist die Winkelsumme eines Dreiecks?

Gleich zwei rechten.

Wieviel stumpfe Winkel kann also ein Dreieck nur haben?

Nur einen.

Und wieviel rechte?

Ebenfalls nur einen.

Was gilt für die spitzen Winkel im rechtwinkligen Dreiecke?

Der eine ist das Complement des andern.

Wieviel Winkel im Dreiecke brauchen nur gegeben zu sein?

Nur zwei, da dann auch der dritte bestimmt ist.

Und wie würde man aus zwei Winkeln den dritten finden?

Durch das Supplement der Summe der gegebenen Winkel.

Wenn aber nur ein Winkel des Dreiecks gegeben ist, was
kennt man dann auch nur von den beiden andern?

Die Summe.

Wie groß ist die Winkelsumme im Viereck?

Gleich vier rechten.

Wonach können alle Raumgrößen verglichen werden?
> Entweder nach ihrem Inhalt, oder nach ihrer Gestalt oder nach beiden zugleich.

Wie heißen die Raumgrößen, welche denselben Inhalt haben?
> Gleich.

Wie heißen Raumgrößen, welche dieselbe Gestalt haben?
> Aehnlich.

Wie heißen Raumgrößen, welche denselben Inhalt und dieselbe Gestalt haben?
> Gleich und ähnlich, oder einerlei.

Für welche Raumgrößen fällt die Einerleiheit mit der Gleichheit zusammen?
> Für solche, deren Begriff wohl eine verschiedene Größe, aber nicht eine verschiedene Gestalt zuläßt, wie z. B. gerade Linien, Winkel u. a.

Was behandelt eigentlich die Lehre von der Einerleiheit der Figuren?
> Die Lehre von den Bestimmungsstücken.

Sind denn nicht immer alle Stücke, aus denen eine Figur besteht, zu ihrer Bestimmung nöthig?
> Nein.

Aus wieviel Stücken besteht z. B. ein Dreieck?
> Aus drei Seiten und drei Winkeln.

Müssen nun alle Winkel gegeben sein, wenn das Dreieck bestimmt werden soll ?

Nein, durch zwei Winkel ist auch schon der dritte bestimmt.

Wieviel Stücke müssen denn im Allgemeinen bekannt sein, wenn ein Dreieck dadurch bestimmt sein soll ?

Drei Stücke.

Was muß aber allemal unter diesen Stücken sein ?

Eine Seite.

Was gilt im Allgemeinen von den Figuren, deren Einerleiheit nachgewiesen ist ?

Die gleichliegenden Seiten und die gleichliegenden Winkel sind einander gleich.

Wodurch wird die Einerleiheit der Figuren bewiesen ?

Durch Deckung.

Und wann decken sich geradlinige Figuren ?

Wenn die Eckpunkte zusammenfallen.

Welche Sätze von der Einerleiheit sind als die wichtigsten zu erwähnen ?

Als erster der, daß Dreiecke einerlei sind, wenn in ihnen eine Seite und zwei Winkel, einzeln verglichen, gleich sind.

Welcher Satz von Parallelen zwischen Parallelen kann mit Hülfe dieses Satzes bewiesen werden ?

Parallelen zwischen Parallelen sind einander gleich.

Welches ist ein zweiter Satz von der Einerleiheit?

Dreiecke sind einerlei, wenn in ihnen zwei Seiten und der zwischenliegende Winkel, einzeln verglichen, gleich sind.

Welcher Satz vom gleichschenkligen Dreiecke wird damit bewiesen?

Der, daß im gleichschenkligen Dreiecke die Winkel an der Grundlinie gleich sind.

Wie wird dies nämlich bewiesen?

Indem man sich den Winkel an der Spitze halbiert denkt. Dadurch wird das gleichschenklige Dreieck in zwei Dreiecke zerlegt, aus deren Einerleiheit folgt, daß die Winkel an der Grundlinie gleich sind.

Was folgt nebenbei noch aus der Einerleiheit dieser Dreiecke?

Daß die Linie, welche den Winkel an der Spitze des gleichschenkligen Dreiecks halbiert, auch die Grundlinie halbiert und lothrecht darauf steht.

Und umgekehrt folgt wieder?

Daß das Loth, aus der Spitze des gleichschenkligen Dreiecks auf der Grundlinie gefällt, diese und den Winkel an der Spitze halbiert.

Was folgt hieraus für das Loth, welches vom Kreismittelpunkte auf die Sehne gefällt wird?

Die Sehne wird dadurch halbiert.

Wie kann man ein gleichseitiges Dreieck betrachten ?

Als ein nach allen Seiten gleichschenkliges.

Was folgt daraus für die Winkel ?

Im gleichseitigen Dreiecke sind alle Winkel gleich.

Wie groß ist also jeder ?

Gleich 60°.

Was folgt für den Außenwinkel an der Spitze des gleichschenkligen Dreiecks ?

Er ist doppelt so groß als ein Winkel an der Grundlinie.

Welcher Satz von der Einerleiheit ist schließlich noch zu erwähnen ?

Dreiecke sind einerlei, wenn die drei Seiten des einen den drei Seiten des andern einzeln verglichen gleich sind.

Läßt sich dieser Satz durch Deckung beweisen ?

Nein, die Dreiecke werden nicht auf einander, sondern an einander gelegt.

Und worauf wird dann der Beweis zurückgeführt ?

Auf den Satz, daß Dreiecke einerlei sind, wenn in ihnen zwei Seiten und der zwischenliegende Winkel gleich sind.

Welche allgemeine Abhängigkeit besteht zwischen den Seiten eines Dreiecks und den gegenüberliegenden Winkeln ?

Der größeren Seite liegt der größere Winkel gegenüber.

Was folgt daraus für ein Dreieck, welches gleiche Winkel hat?

Gleichen Winkeln liegen gleiche Seiten gegenüber.

Inwiefern folgt dies daraus?

Weil bei ungleichen Seiten die gegenüberliegenden Winkel nicht gleich sein könnten.

Und wie ist umgekehrt die Größe der Seiten von der Größe der Winkel abhängig?

Dem größeren Winkel liegt auch die größere Seite gegenüber.

Welches ist also die größte Seite im rechtwinkligen Dreiecke?

Die Hypotenuse.

Und welches ist die kürzeste Linie, welche von einem Punkte an eine gerade Linie gezogen werden kann?

Das vom Punkte auf die Linie gefällte Loth.

Was läßt sich von dem Lothe aussagen, welches auf dem Endpunkte des Halbmessers errichtet ist?

Dasselbe ist eine Berührungslinie des Kreises.

Wenn in zwei Dreiecken je zwei Seiten gleich sind, in welchem Dreiecke ist der zwischen diesen Seiten liegende Winkel der größere?

In demjenigen, welches die größere dritte Seite hat.

Und wenn in zwei Dreiecken zwischen je zwei gleichen Seiten ungleiche Winkel liegen, welches Dreieck hat die größere dritte Seite ?

Dasjenige, in welchem zwischen den gleichen Seiten der größere Winkel liegt.

Welche Größe hat ein Umringswinkel in Bezug auf den Mittelpunktswinkel, der mit ihm auf dem gleichen Bogen steht ?

Er ist halb so groß.

Was gilt also von allen Umringswinkeln, welche auf gleichem Bogen stehen ?

Sie sind unter einander gleich.

Und durch was für einen Bogen wird der Umringswinkel gemessen ?

Durch die Hälfte des Bogens, der zwischen seinen Schenkeln liegt.

Wie groß ist also der Winkel im Halbkreise ?

Gleich einem rechten Winkel.

Was für ein Mittelpunktswinkel steht denn mit dem Winkel im Halbkreise auf gleichem Bogen ?

Ein gestreckter Winkel.

Wie groß ist in einem Vierecke, dessen Eckpunkte auf demselben Kreise liegen, die Summe zweier gegenüberliegenden Winkel ?

Gleich zwei rechten.

Und wie lautet die Umkehrung dieses Satzes?

Ist in einem Vierecke die Summe zweier gegenüberliegenden Winkel gleich zwei rechten, so
liegen die vier Eckpunkte auf demselben
Kreise.

Wie kann man über einer Linie als Sehne einen Bogen
beschreiben, der einen gegebenen Winkel faßt?

Man legt an die Linie in jedem Endpunkte das
Complement des gegebenen Winkels, wenn
derselbe spitz ist. Der Durchschnittspunkt der
Schenkel ist der Mittelpunkt des fraglichen
Kreises, die Schenkel selbst sind die Halbmes-
ser. Ist der gegebene Winkel stumpf, so legt
man den Ueberschuß über 90° nach der andern
Seite an die Linie.

Worauf beruht die Aehnlichkeit zweier Figuren?

Darauf, daß die Winkel gleich und die Seiten
verhältnisgleich sind.

Wie findet man das Verhältnis zweier Linien?

Indem man ihre auf ein gemeinschaftliches
Maß bezogenen Größenwerthe durch einander
dividiert.

Wie findet man das gemeinschaftliche Maß zweier Linien?

Man trägt die kleinere Linie auf der größeren
ab, so oft es angeht. Bleibt ein Rest, so trägt

man diesen auf der kleineren ab, so oft es angeht. Bleibt hier ein Rest, so trägt man diesen wieder auf dem vorhergehenden ab, und so fort. Sobald ein Rest aufgeht, ist dieser das gemeinschaftliche Maß beider Linien.

Werden auf dem Schenkel eines Winkels gleiche Stücke abgetragen und durch die Theilpunkte Parallelen gelegt, wie wird der andere Schenkel von diesen Parallelen geschnitten ?

Die auf dem anderen Schenkel abgeschnittenen Stücke sind auch unter einander gleich.

Wie werden die Schenkel eines Winkels von zwei beliebigen Parallelen geschnitten ?

So daß die auf dem einen Schenkel abgeschnittenen Stücke zu den auf dem andern Schenkel abgeschnittenen verhältnisgleich sind.

Wann sind zwei Dreiecke ähnlich ?

Wenn sie gleiche Winkel haben.

Müssen denn nicht auch bei den Dreiecken, wie bei allen übrigen Figuren die Seiten verhältnisgleich sein ?

Allerdings; dieser Satz will eben sagen, daß bei den Dreiecken mit der Gleichheit der Winkel immer auch die Verhältnisgleichheit der Seiten verbunden ist.

Wann sind also rechtwinklige Dreiecke ähnlich ?

Wenn ein spitzer Winkel in ihnen gleich ist.

Wie wird das rechtwinklige Dreieck durch das aus der Spitze des rechten Winkels auf die Hypotenuse gefällte Loth getheilt?

In zwei Dreiecke, die unter sich und dem ganzen Dreiecke ähnlich sind.

Welche Beziehung besteht zwischen den Seiten eines rechtwinkligen Dreiecks?

Das Quadrat der Hypotenuse ist gleich der Summe der Quadrate der Katheten.

Wie wird dieser Satz gewöhnlich genannt?

Der pythagoräische Lehrsatz.

Warum heißt er so?

Weil er von dem griechischen Weisen Pythagoras herrühren soll.

Was folgt aus diesem Satze für die Einerleiheit rechtwinkliger Dreiecke?

Rechtwinklige Dreiecke sind einerlei, wenn zwei Seiten in ihnen gleich sind.

Warum folgt dies daraus?

Weil nach dem Pythagoras durch zwei Seiten im rechtwinkligen Dreiecke auch die dritte bestimmt ist.

Wie heißt die Umkehrung des pythagoräischen Lehrsatzes?

Ist in einem Dreiecke die Summe der Quadrate zweier Seiten gleich dem Quadrate der dritten, so ist der dieser Seite gegenüberliegende Winkel ein rechter.

Wenn aus der Spitze eines Dreiecks auf die gegenüberliegende Seite ein Loth gefällt wird, welche Beziehung besteht dann zwischen den beiden andern Seiten und den anliegenden Abschnitten der dritten Seite?

Der Unterschied zwischen den Quadraten der Seiten ist gleich dem Unterschiede zwischen den Quadraten der Abschnitte.

Wie lautet die Umkehrung dieses Satzes?

Wird die Seite eines Dreiecks durch eine Linie aus der Spitze des gegenüberliegenden Winkels so getheilt, daß der Unterschied zwischen den Quadraten der Seiten gleich dem Unterschiede zwischen den Quadraten der Abschnitte ist, so ist jene Linie ein Loth auf der Seite.

Was versteht man unter einem regelmäßigen Vieleck?

Ein Vieleck, in welchem die Seiten und die Winkel unter einander gleich sind.

Wie entsteht ein dem Kreise eingeschriebenes regelmäßiges Vieleck?

Wenn der Winkel am Mittelpunkt durch Halbmesser in gleiche Theile getheilt wird, und die Endpunkte der Halbmesser durch Sehnen verbunden werden.

Wie entsteht ein dem Kreise umgeschriebenes regelmäßiges Vieleck?

Wenn der Winkel am Mittelpunkt durch Halbmesser in gleiche Theile getheilt wird und an

den Endpunkten der Halbmesser Berührungslinien gezogen werden.

Wie groß ist die Seite des eingeschriebenen Sechsecks ?

Gleich dem Halbmesser.

Wie verhalten sich die Umfänge regelmäßiger Vielecke von
gleicher Seitenzahl ?

Wie die Halbmesser der Kreise, in welche sie
eingeschrieben sind.

Was folgt daraus für das Verhältnis zwischen den Umringen
zweier Kreise ?

Die Umringe zweier Kreise verhalten sich wie
die Halbmesser.

Wie betrachtet man nämlich die Umringe der Kreise ?

Als die Umfänge regelmäßiger Vielecke von
gleicher, aber unendlicher Seitenzahl.

Was folgt daraus für das Verhältnis zwischen dem Umringe
und dem Halbmesser ?

Dieses Verhältnis ist für alle Kreise eine und
dieselbe oder eine beständige Größe.

Welchen Weg kann man einschlagen, um dieses Verhältnis zu
berechnen ?

Man benutzt die Formeln, um aus der Seite
eines eingeschriebenen Vielecks die Seite des
umgeschriebenen Vielecks von derselben Seitenzahl, und mit Hülfe beider die Seite des eingeschriebenen Vielecks von doppelter Seitenzahl zu berechnen. Aus den Seiten berechnet

man dann die Umfänge. Je weiter man nun die Verdoppelung der Seiten treibt, desto mehr nähern die Umfänge der ein- und umgeschriebenen Vielecke sich selbst und dem zwischen ihnen liegenden Kreisumringe. Und soweit die Umfänge der ein- und umgeschriebenen Vielecke von gleicher Seitenzahl mit einander übereinstimmen, soweit hat man auch den Werth für den Kreisumring genau.

Welche angenäherten Werthe für das Verhältnis zwischen Umring und Durchmesser hat man sich zu merken?

Das nach Archimedes benannte Verhältnis von 22 : 7, und das von Adrian Metius empfohlene Verhältnis von 355 : 113, von denen jenes auf 2 und dieses auf 6 Decimalstellen genau ist.

Was giebt dieses Verhältnis also für den Halbmesser = 1 an?

Den Werth des Halbkreises.

Wie viel Grade, Minuten und Sekunden umfaßt demnach der Bogen, dessen Liniengröße gleich dem Halbmesser ist?

57° 17' 4".

Ebene Trigonometrie

Was ist die Aufgabe der Trigonometrie ?

Aus drei gegebenen Stücken eines Dreiecks die übrigen durch Rechnung zu finden.

Welche Lehre wird dabei zu Grunde gelegt ?

Die Lehre von der Aehnlichkeit.

Was sagt diese über die Aehnlichkeit rechtwinkliger Dreiecke ?

Rechtwinklige Dreiecke sind ähnlich, wenn ein spitzer Winkel in ihnen gleich ist.

Was folgt daraus für die Verhältnisquotienten zwischen den Seiten ?

Für alle rechtwinkligen Dreiecke, welche denselben spitzen Winkel haben, ist der Verhältnisquotient zweier gleichliegender Seiten eine beständige Größe.

Wieviel solcher Verhältnisquotienten giebt es ?

Da jede der drei Seiten zu den beiden andern in Verhältnis gesetzt werden kann, so giebt es sechs solcher Quotienten.

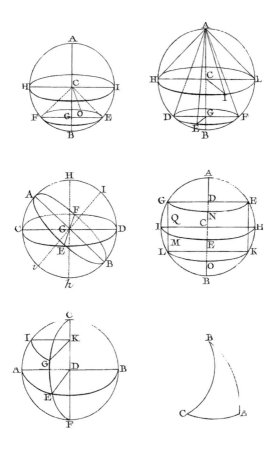

Aus der Trigonometrie

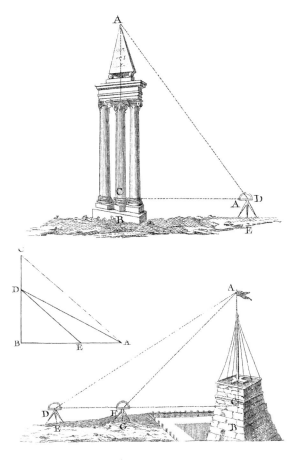

Aus der Trigonometrie

Wie heißen dieselben mit gemeinschaftlichem Namen?
> Trigonometrische Functionen.

Was bedeutet der Ausdruck Function?
> Abhängigkeit.

Wovon sind denn die Verhältnisquotienten abhängig?
> Allein von der Größe des spitzen Winkels.

Wie heißt das Verhältnis der gegenüberliegenden Kathete zur Hypotenuse?
> Der Sinus des spitzen Winkels.

Wie das der gegenüberliegenden Kathete zur anliegenden?
> Die Tangente des spitzen Winkels.

Wie das der Hypotenuse zur anliegenden Kathete?
> Die Secante des spitzen Winkels.

Welches sind die drei übrigen Functionen?
> Der Cosinus, die Cotangente und die Cosecante.

Was bedeutet die Silbe Co- in diesen Worten?
> Complement.

Wie kann man diese Functionen nämlich auffassen?
> Als den Sinus, die Tangente und Secante vom Complemente des eigentlichen Winkels.

Wie faßt man aber den Cosinus auf in Bezug auf den eigentlichen Winkel?
> Der Cosinus ist das Verhältnis der anliegenden Kathete zur Hypotenuse.

Und wie die Cotangente ?

Die Cotangente ist das Verhältnis der anliegenden zur gegenüberliegenden Kathete.

Und wie die Cosecante ?

Die Cosecante ist das Verhältnis der Hypotenuse zur gegenüberliegenden Kathete.

Welches sind also die Functionen, die mit einander ver-
tauscht werden müssen, wenn man statt eines Winkels sein
Complement nimmt ?

Der Sinus mit dem Cosinus und umgekehrt;
die Tangente mit der Cotangente und umgekehrt; die Secante mit der Cosecante und
umgekehrt.

Wie heißen die beim Complementswinkel eintretenden
Functionen im Gegensatz gegen die Functionen des eigentlichen Winkels mit gemeinschaftlichem Namen ?

Cofunctionen.

Lassen die Functionen nicht auch noch eine andere Auffassung als die von Quotienten zu ?

Man kann sie auch als Factoren auffassen.

Wie würde man sie in diesem Falle zu erklären haben ?

sinus ist der Zahlenwerth, mit dem man die
Hypotenuse multipliciren muß, um die
gegenüberliegende Kathete zu erhalten.
cosinus ist der Zahlenwerth, mit dem man die
Hypotenuse multipliciren muß, um die anliegende Kathete zu erhalten.

tangens ist der Zahlenwerth, mit dem man die anliegende Kathete multipliciren muß, um die gegenüberliegende zu erhalten.

cotangens ist der Zahlenwerth, mit dem man die gegenüberliegende Kathete multipliciren muß, um die Hypotenuse zu erhalten.

secans ist der Zahlenwerth, mit dem man die anliegende Kathete multipliciren muß, um die Hypotenuse zu erhalten.

cosecans ist der Zahlenwerth, mit dem man die gegenüberliegende Kathete multipliciren muß, um die Hypotenuse zu erhalten.

Welche Functionen sind umgekehrte Werthe von einander ?

sinus und *cosecans; cosinus* und *secans; tangens* und *cotangens.*

Woraus folgt dies ?

Ihr Produkt ist = 1.

Worin kann man demnach z. B. eine Division durch *sinus* verwandeln ?

In eine Multiplication mit *cosecans.*

Welche Quotienten erhält man, wenn man *sinus* und *cosinsus* in Verhältnis setzt ?

sinus durch *cosinus* dividirt giebt *tangens,* und umgekehrt *cosinus* durch *sinus* dividirt giebt *cotangens.*

Welche wichtige Beziehung findet außerdem noch zwischen dem *sinus* und *cosinus* statt ?

Die Summe ihrer Quadrate ist = 1.

Und welche zwischen *tangens* und *secans* ?

Das Quadrat von *tangens* zu 1 addiert giebt das Quadrat von *secans*.

Was folgt aus diesen Beziehungen zwischen den Functionen desselben Winkels für die gegenseitige Berechnung der Functionen aus einander ?

Ist nur eine einzige Function für einen Winkel bekannt, so können daraus alle übrigen Functionen desselben Winkels berechnet werden.

Was für Werthe der Functionen ergeben sich aus der Erklärung desselben ganz allgemein ?

Die Sinus und Cosinus aller Winkel zwischen 0° und 90° sind echte Brüche.

Für Winkel unter 45° sind die Tangenten echte und die Cotangenten unechte Brüche; dagegen sind für Winkel über 45° die Tangenten unechte und die Cotangenten echte Brüche.

Die Secanten und Cosecanten aller Winkel zwischen 0° und 90° sind unechte Brüche.

Woraus folgt dies ?

Daraus, daß die Katheten kleiner sind als die Hypotenuse; und daß für einen Winkel unter 45° die gegenüberliegende Kathete und für einen Winkel über 45° die anliegende Kathete die kleinere ist.

Welchen Umfang oder welche Grenzwerthe haben diese Functionen, wenn man den Winkel von 0° bis 90° wachsen läßt?

Der Sinus nimmt stetig zu von 0 bis 1.
Der Cosinus nimmt stetig ab von 1 bis 0.
Die Tangente nimmt stetig zu von 0 bis ∞.
Die Cotangente nimmt stetig ab von ∞ bis 0.
Die Secante nimmt stetig zu von 1 bis ∞.
Die Cosecante nimmt stetig ab von ∞ bis 1.

Wie groß ist der Sinus von 30°?

Derselbe ist $= {}^1/_2$.

Woraus läßt sich dieser Werth leicht ableiten?

Aus dem gleichseitigen Dreieck, wenn ein Winkel desselben halbiert wird.

Welcher Cosinus ist also auch $= {}^1/_2$?

Der Cosinus von 60°.

Wie groß sind die Tangenten und Cotangenten für 45°?

Dieselben sind = 1.

Woraus folgt dies?

Daraus, daß für 45° die Katheten einander gleich sind.

Welche Dreiecke können mit Hülfe der Functionen unmittelbar berechnet werden?

Die rechtwinkligen.

Welche Fälle sind dabei zu unterscheiden?

Entweder ist eine Seite und ein spitzer Winkel oder es sind zwei Seiten gegeben.

Welche Auffassung der Functionen benutzt man, wenn eine Seite und ein spitzer Winkel gegeben sind?

Die Auffassung derselben als Factoren.

Wie findet man z. B. aus der Hypotenuse und dem spitzen Winkel die gegenüberliegende Kathete?

Man multiplicirt die Hypotenuse mit dem *sinus* des spitzen Winkels.

Welche Auffassung der Functionen benutzt man aber, wenn zwei Seiten gegeben sind?

Die Auffassung derselben als Verhältnisquotienten.

Wie findet man z. B. aus den beiden Katheten einen spitzen Winkel?

Man dividirt die gegenüberliegende Kathete durch die anliegende; der Quotient giebt die Tangente des spitzen Winkels.

Kann man die Berechnung schiefwinkliger Dreiecke auf die rechtwinkliger zurückführen?

Ja, wenn man das schiefwinklige Dreieck durch Fällung eines Lothes in zwei rechtwinklige zerlegt.

Welche Regel hat man hierbei zu befolgen?

Das Loth muß aus dem Endpunkte einer gegebenen Seite gefällt werden und einem gegebenen Winkel gegenüberliegen.

Wie würde man also im schiefwinkligen Dreiecke, wo eine Seite und die Winkel gegeben sind, eine andere Seite finden?

Man fällt aus dem Durchschnittspunkte der gegebenen und gesuchten Seite ein Loth auf die dritte. Dieses Loth erhält man, wenn man die gegebene Seite mit dem Sinus des der gegebenen Seite anliegenden spitzen Winkels multiplicirt. Wird dann dieser Werth des Lothes mit der Cosecante des im anderen rechtwinkligen Dreiecke dem Lothe gegenüberliegenden spitzen Winkels multiplicirt, so erhält man die gesuchte Seite.

Wie würde dies Verfahren einfach lauten?

Sind eine Scite und die Winkel gegeben und man sucht eine andere Seite, so multiplicirt man die gegebene Seite mit der Cosecante des der gegebenen Seite und dem Sinus des der gesuchten Seite gegenüberliegenden Winkels. Das Produkt ist die gesuchte Seite.

Und wie hat man sich zu verhalten, wenn einer der fraglichen Winkel stumpf sein sollte?

Man nimmt das Supplement desselben.

Wie löst man den Fall, wo zwei Seiten und ein gegenüberliegender Winkel gegeben sind?

Man berechnet zunächst den andern gegenüberliegenden Winkel.

Auf welche Weise ?

Man denkt sich aus dem Durchschnittspunkte der beiden gegebenen Seiten ein Loth auf die dritte Seite gefällt. Dieses Loth erhält man durch das Produkt aus dem Sinus des gegebenen Winkels multiplicirt mit der anliegenden Seite als Hypotenuse. Dividirt man dieses Produkt durch die dem gegebenen Winkel gegenüberliegende Seite, so erhält man damit den Sinus des andern Winkels.

Wie würde dies Verfahren also kurz lauten ?

Sind zwei Seiten und ein gegenüberliegender Winkel gegeben, so erhält man den Sinus des andern gegenüberliegenden Winkels, wenn man den Sinus des gegebenen Winkels mit der anliegenden Seite multiplicirt und durch die gegenüberliegende Seite dividirt.

Was ist aber bei diesem Falle wohl zu bemerken ?

Daß derselbe zweideutig ist oder daß zwei Dreiecke möglich sind, wenn der gegebene Winkel der kleineren Seite gegenüberliegt.

Wie verfährt man dann ?

Man nimmt für den berechneten Sinus einmal den Tafelwinkel aus, dieser ist der andere gegenüberliegende Winkel in dem einen Dreiecke; dann aber nimmt man das Supplement des Tafelwinkels, dieses ist der andere gegenüberliegende Winkel im zweiten Dreiecke.

Wie berechnet man endlich die dritte Seite?

Da mit zwei Winkeln auch der dritte bekannt ist, so berechnet man die dritte Seite nach dem vorhergehenden Falle, wenn eine Seite und die Winkel gegeben sind.

Wie löst man den Fall, wo zwei Seiten und der zwischenliegende Winkel gegeben sind?

Man denkt sich aus dem Endpunkte der kleineren der gegebenen Seiten ein Loth auf die größere Seite gefällt.

Welche verschiedene Lagen kann dies Loth haben?

Dasselbe fällt auf die Seite selbst oder innerhalb des Dreiecks, wenn der gegebene Winkel spitz ist; dagegen fällt es auf die Verlängerung der Seite oder außerhalb der Dreiecks, wenn der gegebene Winkel stumpf ist.

Wie verfährt man dann weiter?

Man multiplicirt die kleinere gegebene Seite einmal mit dem Sinus, das anderemal mit dem Cosinus des gegebenen Winkels. Sollte der Winkel stumpf sein, so nimmt man dessen Supplement. Jenes Produkt giebt das gefällte Loth; dieses Produkt giebt die anliegende Kathete, welche von der größeren gegebenen Seite zu subtrahiren oder zu ihr zu addiren ist, jenachdem der gegebene Winkel spitz oder stumpf war. Dividirt man nun das Loth in dem einen Falle durch den Unterschied und in dem anderen Falle durch die Summe, so erhält man die Tangente des der kleineren Seite gegenüberliegenden Winkels.

Wie erhält man dann die dritte Seite?

Nach dem ersten Falle, wo eine Seite und die Winkel gegeben sind.

Wie verfährt man, wenn die drei Seiten gegeben sind?

Man denkt sich ein Loth aus einer Winkelspitze auf die gegenüberliegende Seite gefällt, und benutzt dann einen Hülfssatz, um die Abschnitte dieser Seite zu berechnen.

Welcher Hülfssatz ist dies?

Der Unterschied zwischen den Quadraten der Seiten ist gleich dem Unterschiede zwischen den Quadraten der anliegenden Abschnitte.

Wie wird dieser Satz aber für den vorliegenden Zweck umgeformt?

Das Produkt aus der Summe und dem Unterschiede der Seiten ist gleich dem Produkt aus der Summe und dem Unterschiede der Abschnitte.

Was ist denn in dieser Gleichung außer der Summe und dem Unterschiede der beiden Seiten bekannt?

Die dritte Seite ist entweder die Summe oder der Unterschied der beiden Abschnitte.

Wovon hängt dies ab?

Davon, ob die anliegenden Winkel beide spitz sind, oder ob der eine stumpf ist.

Wann würde die dritte Seite jedenfalls die Summe der Abschnitte sein?

Wenn man das Loth auf die größte Seite gefällt hätte, weil deren anliegende Winkel immer spitz sein müssen.

Wie verfährt man also weiter?

Man dividiert das Produkt aus der Summe und dem Unterschiede der beiden Seiten durch die dritte Seite. Der Quotient ist die Summe oder der Unterschied der Abschnitte.

Wann ist er die Summe?

Wenn er größer ist als die dritte Seite.

Und wovon ist dies ein Beweis?

Daß der eine der anliegenden Winkel stumpf ist.

Welcher von beiden Winkeln ist dies?

Der, welcher an dem kleineren Abschnitte liegt.

Wann aber giebt der Quotient den Unterschied der Abschnitte?

Wenn er kleiner ist als die dritte Seite.

Wovon ist dies ein Beweis?

Daß beide anliegende Winkel spitz sind.

Wie verfährt man weiter?

Man berechnet die Summe und den Unterschied von der halben dritten Seite und dem halben Quotienten. Die Summe giebt den größeren Abschnitt, der Unterschied den kleineren. Dividiert man dann die größere der beiden Seiten durch den größeren Abschnitt und die kleinere Seite durch den kleineren Abschnitt, so erhält man in jedem Quotienten die Secante des zwischenliegenden Winkels. Sollte nach dem Vorhergegangenen einer der beiden Winkel stumpf sein, so ist dies der zwischen der klcineren Seite und dem kleineren Abschnitte liegende; in diesem Falle würde man von dem gefundenen Tafelwinkel das Supplement zu nehmen haben.

Wie nennt man die Tafeln, deren man sich in der Steuermannskunst bedient, um zu zwei gegebenen Stücken eines rechtwinkligen Dreiecks die beiden andern durch bloße Einsicht ausnehmen zu können?

Strichtafeln.

Wovon haben sie diesen Namen?

Weil der Eingang in dieselben auf einen spitzen Winkel lautet, der in Strichmaß gegeben ist.

Wie sind dieselben gebaut?

Am Kopfe der Tafel, welche aus drei Spalten besteht, steht der spitze Winkel in Viertelstrichen. Die drei Spalten entsprechen den drei Seiten des rechtwinkligen Dreiecks; die Hypotenuse hat die Ueberschrift **D**, die anliegende Kathete ist mit **B** bezeichnet und die gegenüberliegende Kathete hat die Überschrift **A**. Am Fuße der Tafel steht das Complement des Winkels am Kopfe; deshalb müssen die Unterschriften der Spalten für die Katheten ihre

Namen vertauschen, während die Hypotenuse
denselben behält.

Kann man die Strichtafeln auch zur Berechnung schiefwinkliger Dreiecke benutzen?

Allerdings, namentlich für den Fall, wo eine
Seite und die Winkel und zwar letztere in
Strichmaß gegeben sind.

Wie würde man z. B. aus einer Doppelpeilung den Abstand
vom gepeilten Punkte am Orte der zweiten Peilung berechnen?

Man geht unter dem Winkel zwischen der
ersten Peilung und dem gesegelten Kurse mit
der gesegelten Distanz in die **D**-Spalte ein und
nimmt dafür den Zahlenwerth aus der **A**-
Spalte. Mit diesem geht man unter dem
Winkel zwischen beiden Peilungen wieder in
die **A**-Spalte und nimmt dafür den Zahlenwerth aus der **D**-Spalte. Damit erhält man den
Abstand des Schiffes vom gepeilten Punkte am
Ort der zweiten Peilung. Wäre einer der beiden
Winkel größer als acht Strich, so hätte man
seine Ergänzung zu sechszehn Strich zu
nehmen.

Räumliche Geometrie

Welche Flächen heißen Ebenen?

Eine Fläche heißt eine Ebene, wenn eine gerade Linie, die zwei beliebige Punkte der Fläche verbindet, ganz mit derselben zusammenfällt.

Was muß also die Durchschnittslinie zweier Ebenen sein?

Eine gerade Linie.

Durch wieviel Punkte ist die Lage einer Ebene bestimmt?

Durch drei Punkte, die nicht in gerader Linie liegen.

Wann sagt man von einer Linie, daß sie mit einer Ebene parallel läuft?

Wenn sich beide nicht treffen, man mag sie verlängern, so weit man will.

Wenn aber eine Linie eine Ebene trifft, welche verschiedenen Lagen kann die Linie gegen die Ebene haben?

Entweder ist die Linie ein Loth auf der Ebene, oder sie steht schräg oder geneigt gegen dieselbe.

Von welcher Linie sagt man, daß sie lothrecht auf einer Ebene steht?

Von derjenigen, welche mit allen durch ihren Fußpunkt in der Ebene gezogenen geraden Linien rechte Winkel bildet.

Und wann bildet die Linie mit allen durch ihren Fußpunkt in der Ebene gezogenen geraden Linien rechte Winkel?

Wenn sie mit zweien derselben rechte Winkel bildet.

Wenn also umgekehrt eine Linie mit drei sich schneidenden geraden Linien rechte Winkel bildet, wie müssen diese Linien liegen?

In einer und derselben Ebene.

Was versteht man unter dem Neigungswinkel einer gegen eine Ebene geneigten Linie?

Den kleinsten unter allen Winkeln, welche die geneigte Linie mit den verschiedenen in der Ebene durch ihren Fußpunkt gezogenen geraden Linien bildet.

Auf welche Weise gelangt man zur Darstellung dieses Winkels?

Man denkt sich aus einem beliebigen Punkt der geneigten Linie ein Loth auf die Ebene gefällt und verbindet dann den Fußpunkt des Lothes mit dem Fußpunkte der geneigten Linie. Diese Verbindungslinie schließt mit der geneigten Linie den Neigungswinkel ein.

Welche verschiedene Lage können zwei Ebenen gegeneinander haben?

Sie sind entweder parallel, oder sie schneiden sich in einer geraden Linie.

Welche Ebenen sind parallel?

Die welche sich nicht treffen, man mag sie verlängern, soweit man will.

Was bilden die sich schneidenden Ebenen mit einander?

Einen Flächenwinkel.

Welche Bedeutung hat auch hier das Wort Winkel?

Dasselbe bedeutet auch hier wie in der ebenen Geometrie Richtungsverschiedenheit.

Wodurch kann man sich die Richtungsverschiedenheit entstanden erklären?

Dadurch, daß sich die eine Ebene aus ihrer ursprünglichen Lage um die Durchschnittslinie als Achse gedreht hat.

Wodurch wird also auch der Flächenwinkel gemessen?

Durch die Größe der Drehung.

Welchen Winkel bilden demnach die Ebenen, wenn die gedrehte Ebene gegen die ursprüngliche Lage eine halbe Umdrehung vollendet hat?

Einen gestreckten Winkel.

Und wann würden die Ebenen rechtwinklig aufeinander stehen?

Wenn die gedrehte Ebene eine Viertelumdrehung machen muß, um aus der Lage der einen Ebene in die der anderen zu kommen.

Wie kann man den Flächenwinkel durch einen geradlinigen darstellen?

Wenn man in einem beliebigen Punkte der Durchschnittslinie in jeder Ebene ein Loth gegen die Durchschnittslinie errichtet, so ist der Winkel zwischen diesen Lothen auch das Maß für die Richtungsverschiedenheit der Ebenen.

Wie nennt man diesen Winkel?

Den Neigungswinkel der beiden Ebenen.

Wenn eine Linie lothrecht auf einer Ebene steht und man Ebenen durch jene Linien legt, wie stehen diese Ebenen gegen jene Ebene?

Rechtwinklig.

Und welche Lage haben Ebenen gegen einander, welche gegen dieselbe Linie rechtwinklig stehen?

Sie sind einander parallel.

Wie kann man den Neigungswinkel zweier Ebenen auch darstellen, ohne von einem Punkte in der Drehungsachse auszugehen?

Man fällt aus einem beliebigen Punkte der einen Ebene ein Loth gegen die Drehungsachse und ein Loth auf die andere Ebene; dann schließt die Verbindungslinie der Fußpunkte dieser beiden Lothe mit dem Lothe gegen die

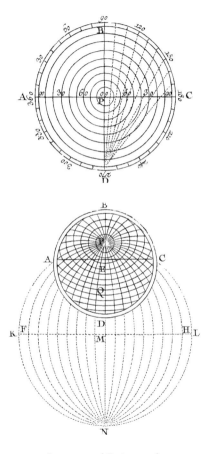

Längen- und Breitengrade

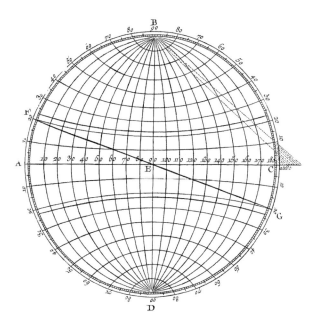

Längen- und Breitengrade

Drehungsachse den Neigungswinkel der Ebenen ein.

Welche verschiedenen Lagen können drei Ebenen gegen einander haben?

Entweder schneiden sie sich nicht, dann sind sie parallel; oder sie schneiden sich und dann entweder in einer oder in zwei oder in drei Durchschnittslinien.

Welche verschiedene Lage können in letzterem Falle die drei Durchschnittslinien haben?

Diese sind entweder parallel oder sie schneiden sich in einem einzigen Punkte.

Was entsteht in letzterem Falle?

Eine räumliche Ecke.

Wie heißen die Durchschnittslinien der Ebenen, welche die räumliche Ecke bilden?

Die Kanten der Ecke.

Was ist eine Kugel?

Ein Körper, der von einer krummen Oberfläche begrenzt ist, auf welcher alle Punkte von einem innerhalb liegenden Punkte gleichen Abstand haben.

Wie heißt dieser Punkt?

Der Kugelmittelpunkt.

Wie heißen die geraden Linien, welche vom Kugelmittelpunkte an die Kugeloberfläche gezogen werden?

Kugelhalbmesser.

Was folgt aus der Erklärung der Kugel für die Kugelhalbmesser ?

> Sie sind einander gleich.

Was entsteht, wenn man den Kugelhalbmesser über den Kugelmittelpunkt bis wieder an die Kugeloberfläche verlängert ?

> Ein Kugeldurchmesser.

Was folgt also für die Größe aller Kugeldurchmesser ?

> Dieselben sind unter einander gleich.

Wie heißen die Endpunkte der Kugeldurchmesser ?

> Gegenpunkte.

Wie kann man sich die Kugel auch entstanden denken ?

> Durch Drehung eines Halbkreises um den Durchmesser.

Was versteht man unter einem Kugelschnitte ?

> Die Figur, welche entsteht, wenn eine Ebene durch die Kugel gelegt wird.

Was ist die Figur ?

> Ein Kreis.

Und wie ändert sich der Kreis, wenn der Schnitt dem Kugelmittelpunkte näher gelegt wird ?

> Je näher die Ebene dem Kugelmittelpunkte liegt, desto größer wird der Kreis.

Welches wird also der größte Kreis sein?

Der, dessen Schnitt durch den Kugelmittelpunkt selbst gelegt ist.

Wie heißt ein solcher Kreis?

Ein größter oder Hauptkreis.

Durch wieviel Punkte auf der Kugeloberfläche ist die Lage eines Hauptkreises bestimmt?

Durch zwei, welche nicht Gegenpunkte sind.

Worauf beruht dies?

Darauf, daß die Ebene des Hauptkreises auch durch den Kugelmittelpunkt gehen muß und durch drei Punkte, die nicht in gerader Linie liegen, die Lage einer Ebene bestimmt wird.

Läßt sich denn durch zwei Punkte auf der Kugeloberfläche unter allen Umständen ein Hauptkreis legen?

Ja, durch drei Punkte kann immer eine Ebene gelegt werden.

Wie heißen alle übrigen Kreise auf der Kugeloberfläche außer den Hauptkreisen?

Nebenkreise.

Wie wird die Ebene des Nebenkreises von dem auf dieselbe aus dem Kugelmittelpunkte gefällten Lothe getroffen?

Das Loth aus dem Kugelmittelpunkte geht durch den Mittelpunkt des Nebenkreises.

Was kann man also umgekehrt vom Lothe aussagen, welches im Mittelpunkte des Nebenkreises errichtet wird?

Dasselbe geht durch den Kugelmittelpunkt.

Wie schneiden sich zwei Hauptkreise?

Dieselben halbieren sich gegenseitig.

Kann man dasselbe vom Haupt- und Nebenkreise sagen?

Nein, der Hauptkreis kann wohl den Nebenkreis, aber nie der Nebenkreis den Hauptkreis halbieren.

Welches ist der kürzeste Abstand zweier Punkte auf der Kugeloberfläche?

Der Bogen eines Hauptkreises oder ein Hauptbogen.

Was versteht man unter einem sphärischen Winkel?

Die Richtungsverschiedenheit zweier Hauptbogen an ihrem Durchschnittspunkte.

Wie heißt dieser Durchschnittspunkt?

Der Scheitel des sphärischen Winkels.

Und wie heißen die Hauptbogen?

Die Schenkel des sphärischen Winkels.

Wie kann man die Richtungsverschiedenheit zweier Hauptbogen durch einen geradlinigen Winkel darstellen?

Da die Richtung des Kreises in einem bestimmten Punkte durch die Berührungslinie dargestellt wird, so legt man in dem Durchschnittspunkte der Hauptbogen an jeden Kreis eine

Berührungslinie; der Winkel zwischen diesen Berührungslinien mißt also die Richtungsverschiedenheit zwischen den Hauptbogen oder den sphärischen Winkel.

Was sind diese Berührungslinien in Bezug auf die Durchschnittslinie der Ebenen beider Hauptkreise?

Es sind Lothe gegen die Durchschnittslinie.

Was mißt denn der Winkel zwischen diesen Lothen in Bezug auf die Ebenen der Hauptbogen?

Den Neigungswinkel dieser Ebenen.

Wie kann man demnach den sphärischen Winkel auch erklären?

Als den Neigungswinkel der Ebenen seiner Schenkel.

Wie kann man sich den sphärischen Winkel entstanden denken?

Dadurch, daß sich ein Hauptkreis um den Scheitel des sphärischen Winkels und dessen Gegenpunkt dreht.

Was wird dann von jedem Punkte des gedrehten Hauptkreises beschrieben?

Ein Bogen, der bei vollendeter Umdrehung zum Kreise wird.

Und was wird von jedem dieser Bogen dann gemessen?

Die Größe der Drehung, oder der sphärische Winkel zwischen den verschiedenen Lagen des gedrehten Hauptkreises.

Welcher Bogen aber unter allen verdient den Vorzug zur Messung des sphärischen Winkels ?

Der Hauptbogen, welcher von dem Punkte beschrieben wird, der von den beiden Gegenpunkten gleichweit, also um einen Viertelkreis absteht.

Aus welchem Grunde ?

Weil dieser mit den Schenkeln des sphärischen Winkels den gleichen Halbmesser hat und folglich zur Vergleichung des Winkels und der Schenkel ein gemeinschaftliches Maß gewonnen wird.

Was ist ein sphärisches Dreieck ?

Eine Figur auf der Kugeloberfläche, welche von drei sich schneidenden Hauptbogen begrenzt wird.

Wie heißen diese Hauptbogen ?

Die Seiten des sphärischen Dreiecks.

Was für Winkel werden durch diese Seiten gemessen ?

Die Winkel zwischen den Kugelhalbmessern, welche an die Durchschnittspunkte gezogen sind.

Was bilden die Halbmesser am Kugelmittelpunkte ?

Eine räumliche Ecke.

Was messen also die Seiten des sphärischen Dreiecks in Bezug auf die räumliche Ecke ?

Die Winkel zwischen den Kanten derselben.

Und was messen die Winkel des sphärischen Dreiecks?

Die Neigungswinkel zwischen den Ebenen der räumlichen Ecke.

Was für eine Beziehung für die Seiten des sphärischen Dreiecks folgt aus dem Satze, daß der Hauptbogen die kürzeste Verbindungslinie zweier Punkte auf der Kugeloberfläche ist?

Im sphärischen Dreiecke ist die Summe zweier Seiten größer als die dritte.

Was hat man sich über die Winkelsumme des sphärischen Dreiecks zu merken?

Dieselbe bildet keine beständige Größe.

Geographische Steuermannskunst

Welche Gestalt hat die Erde ?

Die einer Kugel.

Im strengsten Sinne ?

Nein, aber die Abweichung von der Kugelgestalt ist nicht so bedeutend, daß sie in der Steuermannskunst berücksichtigt werden müßte.

Was ist die Erdachse ?

Der Durchmesser, um welchen sich die Erde dreht.

In welcher Richtung erfolgt die Drehung ?

Von West nach Ost.

Was sind die Pole ?

Die Endpunkte der Erdachse.

Worin wird die Erdoberfläche geschnitten, wenn man Ebenen durch die Pole legt ?

In größten Kreisen, die Meridiane genannt werden.

Heißen eigentlich nur die ganzen Kreise Meridiane?

Nein, auf der Erdoberfläche auch die von Pol zu Pol gehenden Halbkreise.

Wie streichen also die Meridiane?

Recht Nord und Süd.

Wie müssen zwei Orte liegen, die Nord und Süd von einander stehen?

Auf demselben Meridiane.

Kann man durch jeden Ort einen Meridian legen?

Ja, da sich durch die drei Punkte, nämlich den fraglichen Ort und die beiden Pole, immer eine Ebene legen läßt.

Was versteht man unter dem Aequator?

Den größten Kreis, in welchem die Erdoberfläche von der Ebene geschnitten wird, welche man sich durch den Erdmittelpunkt rechtwinklig gegen die Erdachse gelegt denkt.

Wie groß ist also der Winkelabstand der Pole von jedem Punkte des Aequators?

Gleich 90°.

Wie werden die Meridiane vom Aequator geschnitten?

Sie werden von ihm halbiert und rechtwinklig geschnitten.

Wie streicht der Aequator?

Recht Ost und West.

Worin wird aber die Erdoberfläche von denjenigen Ebenen geschnitten, welche zwar rechtwinklig gegen die Erdachse, aber nicht durch den Erdmittelpunkt gelegt werden?

In Nebenkreisen, die Parallelkreise genannt werden.

Warum heißen sie so?

Weil sie recht Ost und West streichen, also mit dem Aequator und untereinander parallel laufen.

Wie müssen folglich Orte liegen, welche Ost und West von einander stehen?

Auf demselben Parallelkreise.

Wodurch wird die Lage eines Ortes auf der Erdoberfläche bestimmt?

Durch Breite und Länge.

Was versteht man unter der Breite eines Ortes?

Seinen Winkelabstand vom Aequator.

Wodurch wird dieselbe gemessen?

Durch den Bogen des Meridians vom Aequator bis zum Orte.

Welchen doppelten Namen kann die Breite haben?

Nord oder Süd.

Und wie groß kann die Breite werden?

Bis 90°.

Was muß für alle Orte, welche auf demselben Parallelkreise liegen, gleich sein?

Die Breite.

Welchen Namen haben davon die Parallelkreise?

Breitenparallele.

Was versteht man unter dem Breitenunterschiede zwischen zwei Orten?

Den Bogen eines Meridianes zwischen ihren Breitenparallelen.

Wie berechnet man aus den Breiten zweier Orte ihren Breitenunterschied?

Indem man gleichnamige Breiten subtrahiert, ungleichnamige addiert.

Was erhält man dadurch aber eigentlich nur?

Die Größe des Breitenunterschiedes.

Was fehlt noch?

Der Name.

Von welcher Richtung wird denn der Breitenunterschied benannt?

Von der Richtung hin.

Und wie bestimmt man den Namen?

Sind die Breiten gleichnamig und man segelt von niederer nach höherer Breite, so ist der Breitenunterschied gleichnamig mit den Breiten; segelt man aber von höherer nach niederer Breite, so ist der Breitenunterschied ungleichnamig mit den Breiten; sind die Breiten ungleichnamig, so ist der Breitenunterschied gleichnamig mit der Breite des Bestimmungsortes.

Wie groß kann der Breitenunterschied werden?

Bis 180°.

Welche Punkte haben diesen Breitenunterschied?

Die Pole.

Wie erhält man die erreichte Breite, wenn die verlassene Breite und der gutgemachte Breitenunterschied gegeben sind?

Man addiert die Breite und den Breitenunterschied, wenn sie gleichnamig sind; subtrahiert sie aber, wenn sie ungleichnamig sind. Im letzteren Falle ist die erreichte Breite gleichnamig mit dem größeren Werthe.

Was wird durch die Breite des Ortes eigentlich bestimmt?

Der Breitenparallel, auf dem derselbe liegt.

Wodurch wird nun bestimmt, in welchem Punkte des Breitenparallels der Ort liegt?

Durch die Länge.

Was versteht man unter der Länge eines Ortes?

Den Winkelabstand desselben von einem ersten oder Anfangsmeridiane.

Wodurch wird derselbe gemessen?

Durch den Bogen des Breitenparallels zwischen

dem ersten Meridiane und dem Meridiane des Ortes.

Ist es nicht gleichgültig, auf welchem Breitenparallele dieser Bogen gemessen wird?

Ja, denn zwischen denselben Meridianen liegen gleiche Bruchtheile verschiedener Parallel-kreise.

Was muß also für alle Orte, welche auf demselben Meridiane liegen, gleich sein?

Die Länge.

Welchen doppelten Namen kann die Länge haben?

Ost oder West.

Und wie groß kann die Länge werden?

Bis 180°.

Was versteht man unter dem Längenunterschiede zwischen zwei Orten?

Den Bogen eines Parallelkreises zwischen ihren Meridianen.

Wie berechnet man aus den Längen zweier Orte ihren Län-genunterschied?

Indem man gleichnamige Längen subtrahiert und ungleichnamige addiert.

Was kann im letzteren Falle vorkommen?

Daß der Längenunterschied > 180° wird.

Warum vermeidet man dies ?

Weil der Abstand zweier Punkte auf der Kugeloberfläche nicht > 180° sein kann.

Und wie vermeidet man dies ?

Indem man den erhaltenen Längenunterschied
von 360° subtrahiert.

Welcher Meridian muß in diesem Falle geschnitten werden ?

Der Meridian von 180°

Was erhält man aber durch diese Rechnung nur ?

Die Größe des Längenunterschiedes.

Was fehlt noch ?

Der Name.

Von welcher Richtung wird der Längenunterschied benannt ?

Von der Richtung hin.

Und wie bestimmt man den Namen des Längenunterschiedes ?

Sind die Längen gleichnamig und man segelt
von weniger nach mehr Länge, so ist der Längenunterschied gleichnamig mit den Längen;
segelt man aber von mehr nach weniger Länge,
so ist der Längenunterschied ungleichnamig
mit den Längen; sind die Längen ungleichnamig, so ist zu unterscheiden, ob der Meridian
von 0° oder der von 180° geschnitten wird; im
ersteren Falle ist der Längenunterschied gleich-

namig mit der Länge des Bestimmungsortes, im anderen mit der des Abfahrtsortes.

Wie erhält man die erreichte Länge, wenn die verlassene Länge und der gutgemachte Längenunterschied gegeben sind ?

Man addiert die Länge und den Längenunterschied, wenn sie gleichnamig sind; subtrahiert sie aber, wenn sie ungleichnamig sind. Sollte im ersteren Falle die erreichte Länge > 180° werden, so müßte man sie von 360° subtrahieren und dem Reste den entgegengesetzten Namen geben.

Welcher Art Größen sind Breite und Länge, Breitenunterschied und Längenunterschied ?

Es sind Kreisbogen, welche als Winkelgrößen gemessen werde.

Worin werden dieselben nämlich gemessen ?

In Graden und Minuten.

Wie werden aber die beiden letzteren, der Breitenunterschied und Längenunterschied, auch betrachtet ?

Als Liniengrößen.

Und was ist dann die Maßeinheit ?

Die Seemeile.

Was ist die Seemeile ?

Der einundzwanzigtausendsechshundertste Theil des Erdumfangs.

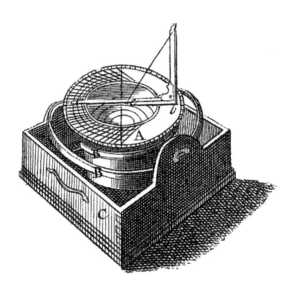

Peilkompaß

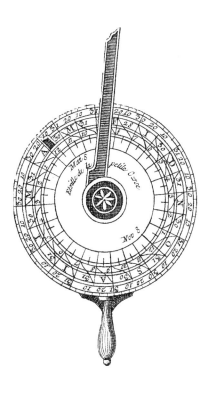

Peilscheibe

Wodurch wird der Erdumfang gemessen ?

Durch größte Kreise.

Solche größte Kreise sind z. B. ?

Der Aequator und die Meridiane.

Wieviel Bogenminuten hat aber jeder Kreis ?

360 mal 60; oder einundzwanzigtausendsechs-
hundert.

Welche Beziehung folgt nun hieraus für eine Seemeile und
eine Bogenminute auf dem Aequator oder den Meridianen ?

Auf dem Aequator und den Meridianen ist 1^{sm}
gleichbedeutend mit 1'.

Nicht auch auf den Parallelkreisen ?

Nein; da die Parallelkreise nach den Polen zu
kleiner werden, also nicht = 21600^{sm} bleiben,
so kann auch auf ihnen 1^{sm} nicht gleichbedeutend mit 1' sein.

Wie nennt man den Bogen des Parallelkreises, wenn er in
Seemeilen gemessen wird ?

Abweitung.

Welcher Zahlenwerth ist nun nach dem obigen größer, wenn
derselbe Bogen als Längenunterschied in Minuten und als
Abweitung in Seemeilen gemessen wird ?

Der Zahlenwerth für den Längenunterschied;
nur auf dem Aequator sind beide gleich.

Wie verhalten sich Abweitungen, welche auf verschiedenen Breitenparallelen zwischen denselben Meridianen liegen?

Wie die Cosinus der Breiten.

Wie verwandelt man für den Bogen eines Breitenparallels die Minuten Längenunterschied in Seemeilen Abweitung?

Man multiplicirt die Anzahl Minuten mit dem Cosinus der Breite, das Produkt giebt die Anzahl der Seemeilen.

Und wie verwandelt man die Seemeilen Abweitung in Minuten Längenunterschied?

Man multiplicirt die Anzahl Seemeilen mit der Secante der Breite, das Produkt giebt die Minuten Längenunterschied.

Wie findet man die Breite, auf der eine Anzahl Seemeilen einer Anzahl Längenminuten entspricht?

Man dividirt die Anzahl Längenminuten durch die Anzahl Seemeilen, der Quotient giebt die Secante der Breite.

Pflegt man aber diese Rechnung in der Ausübung logarithmisch auszuführen?

Nein; es ist eine Tafel berechnet, mit deren Hülfe man Seemeilen und Minuten und umgekehrt verwandeln kann.

Wie groß ist denn eine Seemeile in Fußen gemessen?

5900 rheinl. Fuß.

Welche Instrumente braucht man in der geographischen Steuermannskunst?

Den Kompaß und die Logge.

Wozu dient der Kompaß und was für ein Instrument ist derselbe?

Er dient dazu, die Richtung des zurückgelegten Weges, d. h. den Kurs anzugeben, ist also ein Instrument zum Winkelmessen.

Welche Kurse sind aber wohl zu unterscheiden?

Der gesteuerte und der wahre.

Was versteht man unter dem gesteuerten Kurse schlechthin?

Den Winkel, den der Kiel des Schiffes mit dem magnetischen Nord- oder Südstriche macht.

Was versteht man unter dem wahren Kurse?

Den Winkel, den der Weg des Schiffes durch das Wasser mit dem wahren Nord- oder Südstriche macht.

Warum ist denn der gesteuerte Kurs nicht der wahre?

Einmal, weil die Richtung des Kieles nicht immer den Weg des Schiffes durch das Wasser angiebt, und dann, weil auch der Nordstrich des Kompasses nicht allerorten mit dem wahren Nordstriche zusammenfällt.

Wie nennt man den Winkel, um welchen der Weg des Schiffes durch das Wasser von der Richtung des Kieles abweicht?

Die Abtrift.

Wie findet man dieselbe?

Indem man den Winkel zwischen dem Kielwasser und der Verlängerung des Kieles peilt.

Und wie nennt man den Winkel, um welchen der magnetische Nordstrich vom wahren Nordstriche abweicht ?

Die Misweisung.

Welche Namen hat dieselbe ?

Oestlich oder westlich, je nachdem der magnetische Nordstrich östlich oder westlich vom wahren Nordstriche liegt.

Wie nennt man einen Kurs, der wegen Abtrift verbessert ist ?

Einen behaltenen Kurs.

Wie muß man also den gesteuerten Kurs nennen, der nur wegen Abtrift verbessert ist ?

Einen behaltenen misweisenden Kurs.

Wie nennt man einen Kurs, der wegen Misweisung verbessert ist ?

Einen rechtweisenden Kurs.

Wie muß man also den gesteuerten Kurs nennen, der nur wegen Misweisung verbessert ist ?

Einen rechtweisenden gesteuerten Kurs.

Wie könnte man also den wahren Kurs auch nennen ?

Den rechtweisenden behaltenen Kurs.

Wie muß man nun die gesteuerten Kurse wegen Abtrift und Misweisung verbessern ?

Man hat zunächst der Abtrift einen Namen zu geben, und zwar ist derselbe östlich oder westlich, jenachdem das Schiff über Steuerbord oder Backbord liegt. Dann addiert man Abtrift und Misweisung, wenn sie gleichnamig sind, subtrahiert sie aber, wenn sie ungleichnamig sind, und bringt das, was herauskommt, wenn es Ost ist, mit der Sonne, und wenn es West ist, gegen die Sonne an dem gesteuerten Kurse in Rechnung.

Darf man diesen wahren Kurs, oder den Weg des Schiffes durch das Wasser als den Weg über den Grund oder den wahren Weg des Schiffes ansehen?

Nur dann, wenn das Wasser selbst keine Bewegung hat, also das Schiff nicht durch eine Strömung von seinem wahren Kurse versetzt wird.

Wozu dient die Logge und was für ein Instrument ist dieselbe?

Sie dient die Größe des zurückgelegten Weges, d. h. die Distanz zu messen, ist also ein Linienmaß.

Auf welche Weise wird die Distanz durch die Logge gemessen?

Die Logge giebt durch die Anzahl der ausgelaufenen Knoten an, wieviel Seemeilen Fahrt das Schiff in einer Stunde läuft.

Was folgt daraus für die Länge eines Knotens?

Die Knotenlänge muß immer derselbe Bruchtheil der Seemeile sein, den das Loggeglas in Bezug auf die Stunde angiebt.

Welche Knotenlänge hätte man also für ein Halbminutenglas zu nehmen?

Den hundertzwanzigsten Theil der Seemeile.

Geschieht dies in aller Strenge?

Nein, man kürzt sie noch ein wenig.

Aus welchem Grunde?

Einmal, weil das Loggescheit dem Schiffe immer etwas nachgeschleppt wird, und dann, weil zu kurze Knoten das Schiff nicht so leicht in Gefahr setzen, wie dies umgekehrt durch zu lange geschehen kann.

Und warum giebt man dem Halbminutenglase nur 28^s statt 30^s?

Weil zwischen Befehl und Ausführung des Kehr und Halt immer etwas Zeit verloren geht, und auch einige Zeit nöthig ist, um die Bucht aus der Loggeleine zu segeln.

Welches sind die Hauptaufgaben der geographischen Steuermannskunst?

Entweder ist die Lage eines Ortes und Kurs und Distanz nach einem andern gegeben, und man soll die Lage dieses andern Ortes bestimmen; oder es ist die Lage zweier Orte gegeben und man soll Kurs und Distanz zwischen beiden finden.

In welchem Falle ist die Lösung beider Aufgaben sehr einfach?

Wenn die gegebenen Kurse in die 4 Hauptstriche fallen, oder wenn die beiden Orte auf demselben Meridiane oder demselben Breitenparallele liegen.

Wie hat man in diesem Falle die erste Aufgabe zu lösen?

Ist der wahre Kurs Nord oder Süd, so rechnet man die Seemeilen Distanz als Minuten Breitenunterschied; ist der wahre Kurs Ost oder West, so rechnet man die Seemeilen Distanz als Seemeilen Abweitung und verwandelt diese nach der Hülfstafel in Minuten Längenunterschied. Aus der verlassenen Breite und dem gutgemachten Breitenunterschiede, oder aus der verlassenen Länge und dem gutgemachten Längenunterschiede kann man dann nach dem Vorhergehenden die erreichte Breite oder Länge berechnen.

Und wie würde man die zweite Aufgabe lösen?

Lägen die Orte auf demselben Meridiane, so wäre der Kurs Nord oder Süd und die Minuten Breitenunterschiede gäben die Seemeilen Distanz; lägen aber die Orte auf demselben Breitenparallele, so wäre der Kurs Ost oder West und die Minuten Längenunterschied in Seemeilen Abweitung verwandelt gäben die Seemeilen Distanz.

In welchem Falle wird die Lösung beider Aufgaben eine weniger einfache?

Wenn der gegebene oder gesuchte Kurs auf einen Zwischenstrich fällt.

Wie verfährt man dann ?

Man führt diese Aufgabe mit Hülfe des Kurs-dreiecks auf die vorigen zurück.

Was versteht man unter dem Kursdreieck ?

Das Dreieck, welches entsteht, wenn man durch den Ort der Abfahrt einen Meridian und durch den Ort der Ankunft oder der Bestim-mung einen Breitenparallel legt.

Welcher Art ist dieses Dreieck ?

Ein rechtwinkliges.

Und wie liegen die Stücke in demselben ?

Die Hypotenuse ist die Distanz, und die Kathe-ten sind der Breitenunterschied und die Abwei-tung, jene dem Kurswinkel anliegend, diese ihm gegenüberliegend.

Welche von diesen Stücken sind nun bekannt oder gesucht ?

Entweder ist Kurs und Distanz, also ein Winkel und die Hypotenuse, gegeben und man sucht die beiden Katheten Breitenunterschied und Abweitung; oder es sind die beiden Katheten Breitenunterschied und Abweitung gegeben und man sucht einen Winkel und die Hypo-tenuse, nämlich den Kurswinkel und die Distanz.

Ist denn dies Dreieck ein ebenes ?

Streng genommen nicht, aber für die hier in Frage kommenden Distanzen kann man die Erdoberfläche als eben betrachten.

Wie heißen die Tafeln, in denen man zu den beiden gegebenen Stücken des Kursdreiecks die beiden gesuchten auffinden kann?

Die Strichtafeln.

Wie verfährt man weiter, um mit Hülfe des Kursdreiecks diese Aufgaben auf die früheren zurückzuführen?

Man bedient sich dazu zweier Methoden, entweder der Rechnung nach Mittelbreite oder der Rechnung nach vergrößerter Breite.

Was versteht man unter Mittelbreite?

Die Breite, welche zwischen zwei andern in die Mitte fällt.

Wie findet man dieselbe?

Entweder durch die halbe Summe beider Breiten, oder indem man den halben Breitenunterschied zu der kleineren Breite addiert oder von der größeren subtrahiert.

Wie verfährt man nun, um die Hauptaufgaben der geographischen Steuermannskunst nach Mittelbreite zu lösen?

Ist die Lage eines Ortes und Kurs und Distanz nach einem andern Orte gegeben und man soll die Lage dieses andern Ortes bestimmen, so sucht man aus der Strichtafel Breitenunterschied und Abweitung. Bringt man diesen Breitenunterschied an die verlassene Breite, so erhält man die erreichte Breite. Weiter sucht man die Mittelbreite; und für diese Mittelbreite als Breitenparallel verwandelt man die Seemeilen Abweitung in Minuten Längenunterschied. Bringt man diesen Längenunterschied an die verlassene Länge, so erhält man die erreichte Länge.

Ist die Lage zweier Orte gegeben und man soll den Kurs und die Distanz zwischen ihnen berechnen, so sucht man zuerst Breitenunterschied und Längenunterschied, und mit Hülfe des halben Breitenunterschiedes die Mittelbreite. Für diese Mittelbreite als Breitenparallel verwandelt man die Minuten Längenunterschied in Seemeilen Abweitung. Mit dem Breitenunterschiede und der Abweitung geht man in die Strichtafel ein und findet den Kurswinkel, wo dieselben einander am nächsten kommen; daneben nimmt man die Distanz aus.

Der Kurs liegt allemal in dem durch die Namen des Breiten- und Längenunterschiedes bestimmten Viertel der Strichrose.

Welche Nothwendigkeit hat Veranlassung zur Rechnung mit vergrößerter Breite gegeben?

Die Nothwendigkeit, die Kugeloberfläche behufs des Kartenzeichnens in der Ebene auszubreiten.

Welches ist der Name des Kartenzeichners, von dem der Gedanke der vergrößerten Breite herrührt?

Gerhard Mercator.

Durch welche Eigenthümlichkeit zeichnet sich die Mercatorsche Art und Weise, die Kugeloberfläche in der Ebene darzustellen oder zu projiciren, von andern aus ?

Dadurch, daß die Meridiane einander parallel
laufen.

Welche Aenderung mußte er in Folge dessen mit den Breitenparallelen vornehmen ?

Er mußte ihnen dasselbe Linienmaß geben, wie
dem Aequator; mit andern Worten: er mußte
der Abweitung auf irgend einem Breitenparallele dieselbe Größe geben, wie der Abweitung
zwischen denselben Meridianen auf dem
Aequator.

Was kann man für Seemeilen Abweitung auf dem Aequator
dem Zahlenwerthe nach auch setzen ?

Minuten Längenunterschied.

Wenn er nun auf diese Weise die Entfernung in der Richtung
Ost und West vergrößerte, was durfte er nicht unterlassen ?

Auch die Entfernung in der Richtung Nord
und Süd zu vergrößern.

Was heißt das mit andern Worten ?

Er mußte den wahren Breitenunterschied in
einen vergrößerten verwandeln.

In welchem Verhältnisse ?

In demselben Verhältnisse, in dem die Abweitung zum Längenunterschiede steht.

Ist dies Verhältnis ein überall gleiches?

Dasselbe ist ein sich von dem Aequator nach den Polen zu stetig änderndes; und wie für jede Seemeile Abweitung nach den Polen zu auch der Werth als Längenunterschied zunimmt, so muß auch der einer Minute wahren Breitenunterschiedes entsprechende vergrößerte Breitenunterschied nach den Polen mehr und mehr wachsen.

Welchen Ausdruck giebt man dem besprochenen Verhältnisse für den practischen Gebrauch?

Wie sich für eine Bogenminute auf der wirklichen Kugeloberfläche das Linienmaß N und S zu dem Linienmaße O und W, d. h. der wahre Breitenunterschied zur Abweitung verhält, so muß sich auch für die Bogenminute auf der Mercatorschen Karte das Linienmaß N und S zu dem Linienmaße O und W, d. h. der vergrößerte Breitenunterschied zu dem Längenunterschiede verhalten.

Welches ist nun das hierauf beruhende Verfahren, die Hauptaufgaben der geographischen Steuermannskunst nach vergrößerter Breite aufzulösen?

Ist die Lage eines Ortes und Kurs und Distanz nach einem andern gegeben, und man sucht die Lage dieses andern Ortes, so nimmt man aus der Strichtafel Breitenunterschied und Abweitung. Bringt man den wahren Breitenunterschied an die verlassene Breite, so erhält man die erreichte Breite. Zu der verlassenen und erreichten Breite schlägt man aus der Tafel die vergrößerten Breiten auf und berechnet aus diesen den vergrößerten Breitenunterschied wie man aus wahren Breiten den wahren Breitenunterschied berechnet. Dann ergiebt sich der Längenunterschied aus der Verhältnisgleichung: Der wahre Breitenunterschied verhält sich zur Abweitung wie der vergrößerte Breitenunterschied zum Längenunterschiede; d. h. man multipliciert den vergrößerten Breitenunterschied mit der Abweitung und dividiert dies Produkt durch den wahren Breitenunterschied. Oder man geht unter dem Kurswinkel, wenn sich dieser genau in der Strichtafel findet, mit dem vergrößerten Breitenunterschiede in die Breitenspalte ein, dann erhält man durch die entsprechende Abweitung den Längenunterschied. Bringt man diesen Längenunterschied an die verlassene Länge, so erhält man die erreichte Länge.

Ist die Lage zweier Orte gegeben und man sucht den Kurs und die Distanz zwischen denselben, so schreibt man zu den wahren Breiten die vergrößerten Breiten und berechnet hinter einander wahren Breitenunterschied, vergrößerten Breitenunterschied und Längenunterschied; dann geht man in der Strichtafel mit dem vergrößerten Breitenunterschiede in die Breitenspalte und mit dem Längenunterschiede in die Abweitungsspalte ein, und erhält den Kurswinkel, wo dieselben einander am nächsten kommen. In demselben Striche, aber neben dem wahren Breitenunterschiede nimmt man die Distanz aus. Der Kurs liegt in dem durch die Namen des Breiten- und Längenunterschiedes bestimmten Viertel der Strichrose.

Sind beide Methoden, die nach Mittelbreite und die nach vergrößerter Breite immer und überall gleich anwendbar ?

Nein. Allerdings empfiehlt sich die Rechnung nach Mittelbreite für den täglichen Gebrauch an Bord bei der Aufmachung des Etmals, also in der ersten Aufgabe. Aber für die zweite Aufgabe ist die Rechnung nach vergrößerter Breite vorzuziehen, indem namentlich bei ungleichnamigen Breiten und großem Breitenunterschiede die Rechnung nach Mittelbreite ganz unstatthaft ist.

Ist denn bei ungleichnamigen Breiten und kleinem Breitenunterschiede, also in der Nähe des Aequators überhaupt eine von beiden Methoden nothwendig ?

Nein, denn hier können Abweitung und Längenunterschied einander gleichgesetzt werden.

Genügt das Vorhergehende nun, um von Mittag zu Mittag den Ort des Schiffes nach der Loggerechnung festzulegen, mit andern Worten: das Etmal aufzumachen ?

Ja, wenn jeder Kurs einzeln gerechnet werden soll.

Geschieht dies denn in der Ausübung nicht ?

Nein, man koppelt die Kurse.

Worin besteht das Wesen des Koppelns?

Man macht eine sogenannte Koppeltafel, in
welcher außer den beiden Spalten für die
wahren Kurse und die Distanzen noch vier
Spalten für nördlichen und südlichen Breitenunterschied und für östliche und westliche
Abweitung sich befinden. In diese Spalten trägt
man die mit den verschiedenen Kursen und
Distanzen gutgemachten Breitenunterschiede
und Abweitungen ein und addiert die in jeder
Spalte stehenden Zahlenwerthe. Darauf hebt
man den nördlichen und südlichen Breitenunterschied, und die östliche und westliche Abweitung gegen einander auf, indem man den
kleineren Werth vom größeren subtrahiert. Der
Rest ist der Gesammtbreitenunterschied und
die Gesammtabweitung, mit denen gerade so
verfahren wird, als ob sie das Ergebnis eines
einzigen im Etmal gesegelten Gesammtkurses
und einer Gesammtdistanz wären, welche auch
als solche berechnet und im Tagebuche aufge-
führt zu werden pflegen.

Ist denn dies Verfahren, streng genommen, zulässig?

Eigentlich nicht, insofern gleiche Abweitungen, welche auf verschiedenen Breitenparallelen im entgegengesetzten Sinne gutgemacht
sind, einander nicht aufheben. Indes wird in
der Ausübung von diesem Fehler abgesehen
werden können, der gegen die Ungenauigkeit
der Loggerechnung überhaupt eben nicht

schwer ins Gewicht fällt.

Wo könnte der Fehler nur bedeutend werden ?

Auf sehr hohen Breiten.

Und wie würde man da verfahren ?

Man würde nach Einzelkursen und nach vergrößerter Breite rechnen müssen.

Welche Angaben außer den gesegelten Kursen könnten gleichfalls in die Koppeltafel aufgenommen werden ?

Eine Kompaßpeilung und eine Strömung.

Wie wird eine Peilung in Rechnung gebracht ?

Die Kompaßpeilung im umgekehrten Sinne als misweisender Kurs; die Entfernung als gesegelte Distanz; und die Breite und Länge des gepeilten Punktes als verlassene Breite und Länge.

Und wie eine Strömung ?

Als rechtweisender Kurs mit der Trift im Etmale als der gesegelten Distanz.

Pflegt man aber bei der Aufmachung des Etmals auf die Strömung Rücksicht zu nehmen ?

Nein, die Meeresströmungen sind noch so wenig bekannt, daß man sie absichtlich vernachlässigt, um durch den Unterschied des Schiffsortes, wie sich dieser durch die Loggerechnung und durch astronomische Beobachtungen ergiebt, die Strömung selbst zu berechnen.

Wie lange darf überhaupt die Loggerechnung nur geführt werden?

Bis zur nächsten astronomischen Bestimmung des Schiffsortes, welcher dann als neuer Ausgangspunkt für die Loggerechnung dient.

Was ist eine Karte?

Die bildliche Darstellung der Erdoberfläche oder eines Theiles derselben.

Welche Arten von Karten unterscheidet man ihrem Zwecke nach?

Land- und Seekarten, jenachdem die Darstellung des Landes oder der See Hauptzweck ist.

Wie unterscheidet man die Karten nach ihrem Maßstabe?

In General- und Specialkarten.

Was sind Generalkarten?

Solche Karten, die nach kleinem Maßstabe gearbeitet sind und meistens größere Theile der Erdoberfläche umfassen.

Wie pflegt der Seemann seine Generalkarten zu nennen?

Uebersegler.

Was sind Specialkarten?

Solche Karten, die nach einem größeren Maßstabe gezeichnet sind, so daß sie in den Einzelheiten genauer sein können.

Wie nennt man die Darstellung einer Stadt oder eines Hafens oder einer Rhede in großem Maßstabe?

Einen Plan.

Nach welcher Projection oder Entwerfungsart müssen alle Seekarten gezeichnet sein?

Nach der Mercatorschen, wonach alle Meridiane parallel laufen.

Warum muß diese gewählt werden?

Damit alle Kurslinien und Kompaßpeilungen als gerade Linien ausgezogen werden können.

Was bildet die Grundlage einer jeden Karte?

Der Rahmen und das Netz.

Wovon wird der Rahmen bei der Mercatorschen Karte stets gebildet?

Von zwei Breitenparallelen und von zwei Meridianen.

Welche Figur wird der Rahmen also haben?

Die eines Rechtecks.

Wie legt man denn die Karte am besten vor sich hin, und wie werden die Karten auch meistens gezeichnet?

So, daß der südlichste Breitenparallel den Unterrand bildet, oder so, daß die Schrift von West nach Ost läuft.

Worüber muß man sich, wenn man eine Mercatorsche Karte zeichnen will, zunächst klar sein ?

Ueber den Maßstab für den Längengrad oder die Längenminute, je nach dem Umfange der Karte.

Welcher Rand des Rahmens wird dann nach diesem Maßstab zuerst auf das Papier getragen ?

Der Rand, welcher den niedrigsten Breitenparallel darstellt.

Welcher ist dies, wenn die Schrift von West nach Ost läuft ?

Auf Norderbreite der Unterrand, auf Süderbreite der Oberrand.

Wie hat man dann den Rahmen zu schließen ?

Man legt rechts und links an die Endpunkte des niedrigsten Breitenparallels rechtwinklig die Ränder für den östlichen und westlichen Meridian, nimmt dann für den niedrigsten und höchsten Breitenparallel der Karte die vergrößerten Breiten aus der Tafel und berechnet daraus den vergrößerten Breitenunterschied. Den Zahlenwerth desselben mißt man als eine ebenso große Anzahl Längenminuten auf dem niedrigsten Breitenparallele ab, und trägt diese Abmessung vom niedrigsten Breitenparallele aus auf beiden Meridianrändern ab. Verbindet man die Endpunkte der Abmessungen durch eine gerade Linie, so ist dies der Rand des höchsten Breitenparallels und der Rahmen damit geschlossen.

Was hat man dann weiter zu thun?

Man muß den Rahmen eintheilen, um das Netz ausziehen zu können.

Wie geschieht dies?

Zunächst theilt man den Rand des höchsten Breitenparallels gerade so ein, wie den Rand des niedrigsten Breitenparallels und schreibt neben die Eintheilung die bezüglichen Längengrade und Längenminuten, wie dies dem kleineren oder größeren Maßstabe, den man für die Karte gewählt hat, entspricht.

Wie theilt man weiter die Meridianränder ein?

Man geht wieder vom niedrigsten Breitenparallele aus und sucht nach einander die vergrößerten Breitenunterschiede von diesem niedrigsten bis zu den im Bereiche der Karte enthaltenen höheren Breitenparallelen, in passenden Abständen, ja nach dem Maßstabe der Karte. Diese vergrößerten Breitenunterschiede werden dann wieder wie eine gleiche Anzahl Längenminuten abgemessen und vom niedrigsten Breitenparallele aus auf dem Meridianrande abgesetzt. Dadurch wird dieser im richtigen Verhältnisse abgetheilt. Neben die Theilpunkte schreibt man die entsprechende Zahl für die Grade und Minuten.

Wie erhält man schließlich das Netz der Karte ?

Indem man in passenden Abständen die gegenüberliegenden, einander entsprechenden Punkte auf dem unteren und oberen Rande wie auf dem rechts und links durch gerade Linien verbindet.

Wie trägt man einen Punkt nach Breite und Länge in die Karte ein ?

Man legt an die beiden Breitenpunkte auf den Meridianrändern die Kante eines Lineals und zieht in der Gegend der angegebenen Länge, die man zu diesem Behufe nach dem Augenmaße schätzt, einen feinen Bleistiftstrich. Dann legt man die Kante des Lineals quer dagegen an die beiden Längenpunkte auf den Parallelrändern. Wo dieselbe den vorhin gezogenen Strich schneidet, ist der geographische Ort des fraglichen Punktes.

Wie setzt man die Breite und Länge eines Punktes aus der Karte ab ?

Man nimmt mit dem Zirkel den rechtwinkligen Abstand des Punktes vom nächsten Breitenparallele und setzt diesen Abstand auf dem eingetheilten Meridianrande ab, so daß der eine Zirkelfuß auf demselben Breitenparallele bleibt, dann bezeichnet der andere Fuß die Breite. Auf gleiche Weise mißt man den rechtwinkligen Abstand des Punktes vom nächsten durchgezogenen Meridiane und überträgt diesen Abstand an den eingetheilten Parallelrand, um die Länge abzulesen.

Wie findet man den Kurs oder die Peilung zwischen zwei Orten?

Man legt ein Lineal mit der Kante an die beiden Orte und nimmt den rechtwinkligen Abstand des Mittelpunktes der nächsten Strichrose von der Kante des Lineals zwischen die Schenkel des Zirkels. Schiebt man dann den einen Zirkelfuß etwas längs der Kante des Lineals, und zwar so, daß die Verbindungslinie zwischen seinen Schenkeln dieselbe d. h. rechtwinklige Richtung gegen die Kante des Lineals behält, so beschreibt der andere Fuß in der Strichrose eine Linie, welche den Kurs oder die Peilung angiebt.

Wie erhält man die Distanz zwischen zwei Orten in Seemeilen?

Man nimmt den halben Abstand zwischen die Schenkel des Zirkels und sucht am Meridian-rande den Punkt, welcher der Mittelbreite zwischen beiden Orten entspricht. Von diesem Punkte aus setzt man dann mit dem Zirkel den halben Abstand sowohl nach oben als nach unten ab; der Breitenunterschied zwischen den abgesetzten Punkten giebt die Distanz in Seemei-len. Kann man gleich die ganze Distanz zwischen die Schenkel des Zirkels nehmen, so muß man diese auf dem Meridianrande so absetzen, daß die Mitte der Distanz auf die Mittelbreite fällt; der Breitenunterschied zwischen den Schenkeln in Minuten ist die Distanz in Seemeilen.

Astronomische Vorkenntnisse

Welches sind die schlechthin festen Punkte am Himmelsgewölbe?

Die Weltpole.

Was sind die Weltpole?

Die beiden Punkte, in denen die Weltachse, d. h. die verlängerte Erdachse das Himmelsgewölbe trifft.

Welche Namen führen diese Pole?

Den Erdpolen entsprechend die Namen Nordpol und Südpol.

Welches sind die beziehungsweise festen Punkte am Himmelsgewölbe?

Zenith und Nadir, oder Scheitel- und Fußpunkt.

Was sind denn Zenith und Nadir?

Die Punkte, in denen die verlängerte Senkrechte das Himmelsgewölbe trifft.

Was versteht man unter der Senkrechten ?

Die Linie, welche man sich vom Standpunkte des Beobachters zum Erdmittelpunkte gezogen denkt.

Warum heißen diese Punkte beziehungsweise fest ?

Weil sie sich mit dem Standpunkte des Beobachters ändern.

Wo liegt denn das Zenith ?

In der Richtung nach oben, d. h. in der Verlängerung der Senkrechten über unsern Standpunkt hinaus.

Wo liegt das Nadir ?

In der Richtung nach unten, d. h. in der Verlängerung der Senkrechten über den Erdmittelpunkt hinaus.

Mit welchem dritten Punkte pflegen wir den sichtbaren Pol und das Zenith gewöhnlich zu verbinden ?

Mit dem Orte des Gestirns.

Wodurch unterscheidet sich dieser Punkt wesentlich vom Pole und Zenith ?

Er ist durchaus veränderlich.

Was versteht man unter dem Meridian ?

Den größten Kreis an der Himmelskugel, dessen Ebene durch den Pol und das Zenith geht.

Warum heißt derselbe Meridian?

Weil er dem Erdmeridiane des Beobachters entspricht, und wie dieser recht Nord und Süd läuft.

Was versteht man unter einem Stundenkreise?

Jeden größten Kreis an der Himmelskugel, dessen Ebene durch die Pole geht.

Was versteht man unter einem Vertikale?

Jeden größten Kreis an der Himmelskugel, dessen Ebene durch Zenith und Nadir geht.

In welcher doppelten Auffassung können wir also den Meridian betrachten?

Einmal als Stundenkreis, der durch das Zenith, und dann auch als Vertikal, der durch den Pol gelegt wird.

Wie heißen die Vertikale, welche mit dem Meridiane rechte Winkel bilden?

Erste Vertikale.

Was versteht man unter dem Himmelsäquator?

Den größten Kreis an der Himmelskugel, dessen Ebene rechtwinklig gegen die Erdachse liegt.

Wie heißt der Bogen des Meridianes zwischen dem Himmelsäquator und dem Zenith?

Die Breite.

Warum trägt er diesen Namen?

Weil die Breite des Beobachters, d. h. der Bogen zwischen dem Erdäquator und dem Standpunkte des Beobachters denselben Winkel mißt.

Was versteht man unter der Abweichung eines Gestirns?

Seinen Winkelabstand vom Aequator, oder den Bogen des Stundenkreises zwischen dem Aequator und dem Orte des Gestirns.

Welche Namen hat die Abweichung?

Nord oder Süd, jenachdem das Gestirn nördlich oder südlich vom Aequator steht.

Wie heißt das Complement der Abweichung?

Poldistanz.

Von welchem Pole wird dieselbe aber nur gerechnet?

Vom sichtbaren oder erhöhten, also dem mit der Breite gleichnamigen Pole.

Wie findet man die Poldistanz mit Rücksicht auf den doppelten Namen der Abweichung?

Sind Breite und Abweichung gleichnamig, so muß die letztere von 90° subtrahirt werden; sind aber Breite und Abweichung ungleichnamig, muß letztere zu 90° addirt werden.

Was versteht man unter dem wahren Horizonte?

Den größten Kreis an der Himmelskugel, dessen Ebene rechtwinklig gegen die Senkrechte liegt.

Was versteht man unter dem scheinbaren Horizonte ?

Den Kreis an der Himmelskugel, dessen Ebene durch den Standpunkt des Beobachters rechtwinklig gegen die Senkrechte gelegt wird.

Was versteht man unter der Höhe eines Gestirns ?

Seinen Winkelabstand vom Horizonte, oder den Bogen des Vertikals vom Horizonte bis zum Orte des Gestirns.

Was ist die Polhöhe ?

Der Bogen des Vertikals vom Horizonte bis zum Pole.

Welchem anderen Bogen ist dieselbe gleich ?

Die Polhöhe ist gleich der Breite.

Wie heißt das Complement der Höhe ?

Zenithdistanz.

Wie heißen die Kreise, welche mit dem Horizonte parallel gezogen werden ?

Höhenparallele.

Wie heißen die Kreise, welche mit dem Aequator parallel gezogen werden ?

Abweichungsparallele.

Wie heißt der Winkel zwischen dem Meridiane und einem Vertikale ?

Azimuth.

Wo liegt derselbe ?

Am Zenith.

In welchem Sinne wird dieser Winkel gerechnet ?

Eigentlich vom erhöhten Pole nach Ost und West; aber auch das Supplement dieses Winkels wird Azimuth genannt.

Wie heißt der Winkel zwischen dem Vertikale und dem Stundenkreise ?

Der parallaktische Winkel.

Wo liegt derselbe ?

Am Gestirne.

Wie heißt der Winkel zwischen dem Meridiane und dem Stundenkreise ?

Der Stundenwinkel.

Wo liegt derselbe ?

Am Pole.

In welchem Sinne erfolgt die Umdrehung der Himmelskugel ?

Von Ost nach West.

In welchem Sinne rechnet man deshalb auch den Stundenwinkel ?

Vom Meridiane nach West.

Wie theilt man die Zeit ein, welche zwischen zwei auf einander folgenden Durchgängen durch den Meridian verfließt ?

In 2 mal 12, oder in 24 Theile, Stunden genannt.

Wie heißen deshalb die Stundenkreise, welche mit dem Meridiane rechte Winkel machen ?

Sechsstunden- oder Sechsuhrkreise.

Welche Zeitpunkte während der Umdrehung sind für die Eintheilung der Zeit von besonderer Bedeutung ?

Die Durchgänge durch den Meridian und durch den Horizont.

Wie nennt man den Zeitpunkt, wo ein Gestirn in den Meridian tritt ?

Die Culmination.

Welche Culminationen unterscheidet man ?

Die obere Culmination, d. h. den Durchgang durch den Meridian über dem Sechsuhrkreise, und die untere Culmination, d. h. den Durchgang durch den Meridian unter dem Sechsuhrkreise.

Bei welchen Gestirnen finden beide über dem Horizonte statt ?

Bei denjenigen, deren Poldistanz kleiner ist als die Polhöhe, oder deren gleichnamige Abweichung größer ist als das Complement der Breite.

Und bei welchen Gestirnen finden beide unter dem Horizonte statt ?

Bei denjenigen, deren ungleichnamige Abweichung größer ist, als das Complement der Breite.

Welche Zeitabschnitte beginnen mit dem Augenblicke der Culmination?

Der astronomische und der bürgerliche Tag.

Wodurch unterscheiden sich beide?

Der astronomische Tag ist die Zeit zwischen zwei oberen Culminationen eines Gestirns und wird in 24 Stunden getheilt. Der bürgerliche Tag ist die Zeit zwischen zwei unteren Culminationen der Sonne und wird in zweimal 12 Stunden getheilt.

Und wie ist es mit dem Datum?

Der astronomische Sonnentag ist 12 Stunden hinter dem bürgerlichen zurück, so daß das Datum beiden nur von Mittag bis Mitternacht gemeinschaftlich ist.

Welchen Namen haben die Durchgänge durch den Horizont?

Der Durchgang eines Gestirns durch den östlichen Horizont heißt sein Aufgang, der Durchgang durch den westlichen Horizont sein Untergang.

Welcher Zeitabschnitt wird durch den Auf- und Untergang der Sonne begrenzt?

Der natürlich Tag, oder die Zeit, während welcher die Sonne über dem Horizonte verweilt.

Wie heißt in Bezug hierauf für jedes Gestirn der Bogen des Abweichungsparalleles, der über dem Horizonte liegt?

Der Tagbogen.

Und im Gegensatze hierzu der Bogen des Abweichungsparallels, der unter dem Horizonte liegt?

Der Nachtbogen.

Wovon hängt für einen und denselben Ort die Größe des Tagbogens ab?

Von der Abweichung des Gestirns.

In welcher Weise?

Ist die Abweichung Null, so sind Tag und Nacht gleich. Ist die Abweichung gleichnamig mit der Breite, so ist der Tagbogen größer als der Nachtbogen; ist sie aber ungleichnamig mit der Breite, so ist der Nachtbogen größer als der Tagbogen.

Welcher von diesen Bogen wird bei der Sonne und nach bürgerlicher Tageszeit durch die Aufgangszeit und welcher durch die Untergangszeit gemessen?

Durch die Aufgangszeit der halbe Nachtbogen und durch die Untergangszeit der halbe Tagbogen.

Welche Gestirne schneiden den ersten Vertikal über dem Horizonte?

Diejenigen, deren gleichnamige Abweichung kleiner als die Breite ist.

Was versteht man unter der größten Ausweichung eines Gestirns?

Das Azimuth in dem Augenblicke, wo der Vertikal den Abweichungsparallel berührt.

Bei welchen Gestirnen kann dies stattfinden ?

Bei denjenigen, deren gleichnamige Abweichung größer als die Breite ist.

Was versteht man unter der Amplitude ?

Den Bogen des Horizontes, welcher beim Aufgange zwischen dem Ostpunkte und dem Orte des Gestirnes, oder beim Untergange zwischen dem Westpunkte und dem Orte des Gestirnes liegt.

Welche deutschen Bezeichnungen erhält diesem entsprechend die Amplitude ?

Morgen- und Abendweite.

Wie kann man die Amplitude auch auffassen ?

Als Complement des Azimuths im Augenblicke des Auf- und Untergangs.

Wovon aber ist der Name der Amplitude abhängig ?

Allein von der Abweichung.

Wovon ist die Größe der Amplitude abhängig ?

Von der Abweichung und der Breite.

Sind die astronomischen Tage aller Gestirne unter einander gleich ?

Nein.

In welchem Falle wären sie es?

Wenn jedes Gestirn seinen Ort am Himmel unverändert behielte.

Welche Gestirne ändern denn ihren Ort am Himmel?

Sonne, Mond, Planeten und Kometen.

Und welchen Namen führen die übrigen Sterne?

Sie heißen Fixsterne, um damit anzudeuten, daß sie fest am Himmelsgewölbe stehen.

Welche Bewegungen haben denn namentlich die Sonne und der Mond?

Eine der täglichen Bewegung des ganzen Himmelsgewölbes gerade entgegengesetzte.

Welche Namen geben wir diesen Bewegungen?

Die allgemeine Umdrehungsbewegung aller Gestirne, die nur ein Spiegel ist von der Bewegung der Erde, nennen wir rückläufig; aber die ihr entgegengesetzte, einzelnen Gestirnen eigenthümliche, im Sinne der Erdumdrehung erfolgende Bewegung nennen wir rechtläufig.

Wird durch diese rechtläufige Bewegung die Culminationszeit verzögert oder beschleunigt?

Verzögert.

Woher können wir die Größe der eigenen Bewegung für Sonne und Mond ableiten?

Aus der Dauer des Jahres und des Monats.

Und welch eine Bewegung folgt hieraus für Sonne und Mond?

Für die Sonne in einem Sonnentage etwa 59'8", und für den Mond in einem Sonnentage etwa 13°11'.

Um wieviel wird also die Zwischenzeit zwischen zwei oberen Culminationen der Sonne oder der Sonnentag größer sein als die Zwischenzeit zwischen zwei oberen Culminationen eines Fixsternes oder ein Sterntag?

Um beinahe 4^m Zeit.

Um wieviel ist also die Dauer einer Sonnenstunde größer als die einer Sternstunde?

Um etwa 10^s Zeit.

Und um wieviel ist ein Mondestag größer als ein Sonnentag?

Um etwa 50 Minuten.

Wann tritt Neumond ein?

Wenn der Mond in seiner Bahn die Sonne einholt.

Wann culminiert also der Neumond?

Um Mittag.

Wann tritt der Vollmond ein?

Wenn der Mond in seiner Bahn der Sonne gerade gegenüber tritt.

Wann culminiert also der Vollmond?

Um Mitternacht.

Erfolgt denn die rechtläufige Bewegung der Sonne im Aequator oder parallel mit ihm, also in einem Abweichungsparallele ?

Nein.

Woraus folgt dies unmittelbar ?

Weil in diesem Falle für einen bestimmten Ort die Länge des natürlichen Tages unverändert bleiben würde.

In welcher Gestalt erscheint uns denn die Sonnenbahn ?

In der Gestalt eines größten Kreises, der mit dem Aequator einen Winkel von beinahe 23 $1/2$° bildet.

Welchen Namen führt dieselbe ?

Ekliptik.

Und wie ist dieselbe eingetheilt ?

In zwölf Theile zu 30°, Himmelszeichen genannt.

Wie heißen dieselben ?

Widder, Stier, Zwillinge; Krebs, Löwe, Jungfrau; Waage, Skorpion, Schütze; Steinbock, Wassermann, Fische.

Welcher Punkt in der Ekliptik ist für uns der wichtigste ?

Der Widderpunkt.

Welcher Punkt ist damit gemeint ?

Der Punkt, wo die Sonne am 20. März beim Uebertritt aus der südlichen in die nördliche Halbkugel den Aequator schneidet und in das Zeichen des Widders tritt.

Wie groß ist dann die Abweichung der Sonne?

Null.

An welchem andern Tage ist die Abweichung der Sonne gleichfalls Null?

Am 23. September, wo die Sonne in das Zeichen der Waage tritt.

Von welcher äußeren Erscheinung werden diese Zeitpunkte auch benannt?

Sie heißen Nachtgleichenpunkte, weil dann auf dem ganzen Erdboden Tag und Nacht einander gleich sind.

Wie darf man aber den Widderpunkt nicht nennen?

Frühlingspunkt.

Und warum nicht?

Weil auf der südlichen Halbkugel dann der Herbst beginnt.

Welche Abweichung hat die Sonne vom 20. März bis 23. September?

Nördliche.

Und welche vom 23. September bis zum 20. März?

Südliche.

Welche Tage haben wir sonst noch für die Bewegung der Sonne zu merken?

Den 21. Juni, wo die Sonne in das Zeichen des Krebses tritt und die größte nördliche Abweichung hat; und den 22. Dezember, wo die

Sonne in das Zeichen des Steinbocks tritt und die größte südliche Abweichung hat.

Wie heißen die Punkte größter Abweichung mit gemeinschaftlichem Namen ?

Sonnenwendepunkte.

Und wie heißen die Abweichungsparallele, welche durch diese Punkte gelegt werden ?

Wendekreise.

Wann ändert sich die Abweichung am stärksten ?

Wenn sie Null ist.

Und wieviel beträgt diese Aenderung dann bei der Sonne ?

In der Stunde eine Bogenminute.

Welche Wichtigkeit hat der Widderpunkt sonst noch für uns ?

Wir beginnen den in den astronomischen Rechnungen angewandten Sterntag mit der Culmination des Widderpunktes; und rechnen von ihm die Geradeaufsteigung der Gestirne.

Was versteht man demnach unter Sternzeit in der Bedeutung von Sterntageszeit ?

Den Stundenwinkel des Widderpunktes oder die Anzahl Sternstunden u. s. w., welche seit der Culmination des Widderpunktes verflossen sind.

Welcher täglichen Aenderung muß der Anfang des Sterntages dem Obigen zufolge unterworfen sein ?

Derselbe fällt gegen Sonnenzeit täglich beinahe 4^m früher.

Was versteht man unter der Geradeaufsteigung eines Gestirns?

Den Bogen des Aequators vom Widderpunkte bis zum Stundenkreise des Gestirns im Sinne der rechtläufigen Bewegung gemessen.

Wie wird man also die Sterntageszeit auch bezeichnen können?

Als Geradeaufsteigung des Meridians.

Wie groß ist die Geradeaufsteigung des Gestirns im Augenblick seiner oberen Culmination?

Gleich der Sterntageszeit.

Was erhält man demnach durch die Sterntageszeit im Augenblicke des Mittags?

Die Geradeaufsteigung der Sonne um Mittag.

Wie wird man überhaupt die Sterntageszeit in jedem Augenblicke finden können?

Wenn man zu der Geradeaufsteigung eines Gestirns seinen Stundenwinkel addiert, und falls die Summe $> 24^{st}$ werden sollte, 24st davon subtrahiert.

Und wie kann man umgekehrt den Stundenwinkel eines Gestirns finden?

Wenn man die Geradeaufsteigung eines Gestirnes von der Geradeaufsteigung des Meridians, d. h. der Sterntageszeit subtrahiert, wobei letztere nöthigenfalls um 24st vergrößert werden müßte.

Und in welchem Sinne wird hierbei der Stundenwinkel gerechnet?

Immer vom Meridiane nach West bis zu 24st zunehmend.

Kann aber der Stundenwinkel nicht auch im entgegengesetzten Sinne gerechnet werden?

Auch vom Meridiane nach Ost oder von 24st rückwärts.

Welche Zeichen giebt man in Folge dessen den Stundenwinkeln?

Die westlichen oder zunehmenden Stundenwinkel sind positiv, dagegen die östlichen oder abnehmenden negativ.

Sind die Zwischenzeiten zwischen zwei oberen Culminationen der Sonne einander gleich?

Nein.

Woher rührt dies?

Weil die Sonne nicht gleichmäßig von West nach Ost, d. h. in Geradeaufsteigung fortrückt.

Und welchen Grund hat dies?

Einen doppelten; der eine ist der, daß sich die Sonne in der Ekliptik, d. h. schräg gegen den Aequator bewegt.

Was geht daraus hervor ?

Wenn die Abweichung nahe Null ist, nimmt die Geradeaufsteigung weniger zu; ist aber die Abweichung nahe $23^1/_2°$, so nimmt die Geradeaufsteigung mehr zu, als das Mittel ihrer Bewegung von 59' 8" beträgt.

Und welches ist der zweite Grund ?

Die Sonne bewegt sich auch in der Ekliptik nicht gleichförmig, wie schon daraus hervorgeht, daß sie zu der nördlichen Hälfte ihrer Bahn acht Tage mehr bedarf, als zu der südlichen.

Können denn unsre Uhren dieser ungleichförmigen Bewegung der Sonne folgen ?

Nein, ihr Vorzug besteht eben in einem gleichförmigen Gange.

Zu welchem Auskunftsmittel hat man deshalb gegriffen ?

Man denkt sich im Gegensatze zur wahren eine sogenannte mittlere Sonne, welche sich gleichförmig im Aequator bewegt, und nennt den Zeitpunkt, in welchem diese mittlere Sonne culminieren würde, den mittleren Mittag, wie überhaupt den Stundenwinkel dieser mittleren Sonne die mittlere Zeit.

Wodurch findet man denn die mittlere Zeit ?

Aus dem Stundenwinkel der wahren Sonne oder der wahren Zeit.

Und auf welche Weise?

Man nennt den Unterschied zwischen den Uhrzeiten, von denen die eine wahre und die andere mittlere Zeit angiebt, die Zeitgleichung; diese hat man in Tafeln gebracht, und mit deren Hülfe kann man aus der wahren Zeit die mittlere ableiten und umgekehrt.

Wie kann man die Zeitgleichung auch auffassen?

Als den Unterschied zwischen den Geradeaufsteigungen der wahren und mittleren Sonne.

Was versteht man denn unter Uhrzeit?

Die Zeit, welche unmittelbar von der Uhr abgelesen wird.

Welche Zeiten unterscheidet man sonst?

Ortszeit und Zeit am ersten Meridiane (Greenwich-Zeit).

Und worin müssen wir bei jeder derselben wieder unterscheiden?

Wahre und mittlere Ortszeit, und wahre und mittlere Greenwich-Zeit.

Was versteht man unter dem Stande der Uhr?

Den Unterschied zwischen der Uhrzeit und mittleren Ortszeit.

Was ist also der Stand einer Uhr, welche wahre Ortszeit angiebt?

Die Zeitgleichung.

Wenn aber der Seemann schlechthin von dem Stande des Chronometers spricht, was ist dann gemeint?

Der Unterschied zwischen der Uhrzeit und der mittleren Zeit am ersten Meridiane.

Wie verwandelt man die mittlere Ortszeit in mittlere Greenwich-Zeit?

Indem man die West-Länge, in Zeit verwandelt, zur mittleren Ortszeit addiert, oder die Ost-Länge, in Zeit verwandelt, von der mittleren subtrahiert.

Weshalb ist die Kenntnis der Zeit am ersten Meridiane für den Seemann von so großer Wichtigkeit?

Weil er mit derselben in die astronomischen Tafeln eingehen muß, aus denen er die Orte der Gestirne und die Erscheinungen an der Himmelskugel entnimmt.

Wie erhält man die entsprechende mittlere Greenwich-Zeit für die obere Culmination der Sonne?

Man betrachtet den wahren Mittag auf Westlänge als den Anfang des folgenden und auf Ostlänge als das Ende des verflossenen astronomischen Tages. Die Westlänge addiert man also zu 0st, subtrahiert aber die Ostlänge von 24st. Jene Summe oder dieser Unterschied, letzterer aber mit dem Datum des vorhergehenden Tages, giebt die entsprechende wahre Greenwicher Tageszeit. Wirft man an diese die Zeitgleichung für den Mittag, so erhält man die entsprechende mittlere Greenwich-Zeit auf die nächste Minute.

Wie erhält man die mittlere Ortszeit im wahren Mittage auf die Secunde genau ?

Indem man für die dem wahren Mittage entsprechende mittlere Greenwich-Zeit die Zeitgleichung auf die Secunde genau bestimmt, diese, wenn sie positiv ist, zu 0st addiert oder, wenn sie negativ ist, von 24st subtrahiert, wo denn im letzteren Falle das Datum des vorhergehenden Tages zu nehmen ist.

Wie erhält man die mittlere Ortszeit für die obere Culmination eines Fixsternes ?

Man bestimmt die Geradeaufsteigung der mittleren Sonne im Augenblicke des mittleren Ortsmittages, und subtrahiert diese von der Geradeaufsteigung des Fixsterns, welche letzte nöthigenfalls um 24st zu vergrößern ist. Der Rest ist die Culminationszeit in Sternzeit, welche sodann in mittlere Zeit zu verwandeln ist.

Beobachtungen

Was für Instrumente braucht man in der astronomischen Steuermannskunst?

Uhr und Spiegelinstrument.

Wozu dient die Uhr?

Um Zeitwinkel zu messen.

Welche Spiegelinstrumente werden vorzugsweise auf See benutzt?

Der Spiegeloctant und der Spiegelsextant.

Wieviel Grade umfaßt der Bogen des Octanten und Sextanten?

45° und 60°.

Wieviel Grade werden aber durch den Spiegeloctanten und Spiegelsextanten gemessen?

90° und 120°.

Worauf beruht dies?

Darauf, daß bei jeder Spiegelung ein doppelter Winkelausschlag stattfindet.

Wie ist der Gradbogen des gemeinen Spiegeloctanten unmittelbar eingetheilt?

In Theile zu 20'.

Und welche Vorrichtung dient dazu, auf einzelne Minuten ablesen zu können?

Der Nonius oder Läufer.

Wie ist derselbe eingerichtet?

Er umfaßt 19 Theile des Gradbogens, ist aber selbst in 20 Theile getheilt.

Um wieviel also ist ein Theil des Nonius kleiner als ein Theil des Gradbogens?

Um eine Minute.

Wenn nun der Anfangsstrich einsteht, wieviel muß da der ganze Nonius verschoben werden, damit der fünfte oder zwölfte Theilstrich einsteht?

Um 5' oder 12'.

Wie nennt man den eingetheilten Kreisrand oder Gradbogen?

Den Limbus.

Und wie den beweglichen Schenkel, an dem sich der Nonius befindet?

Die Alhidade.

Wie nennt man den Nullpunkt des Nonius?

Den Index.

Warum heißt er so?

Weil die Stellung dieses Punktes am Gradbogen

die Größe des Winkels zwischen dem direct gesehenen und dem gespiegelten Gegenstande anzeigen soll.

Wo muß demnach der Index stehen, wenn dieser Winkel 0° ist oder der direct gesehene Gegenstand mit seinem Spiegelbilde zusammenfällt?

An dem Nullpunkte des Gradbogens.

Wie untersucht man, ob dies der Fall ist?

Man verschiebt bei aufrechter Haltung des Instruments den Index so, daß die direct gesehene Kimm mit ihrem Spiegelbilde eine ungebrochene Linie bildet; in dieser Stellung sollte der Index auf 0° des Limbus stehen.

Ist dies nicht der Fall, welche Berichtigung hat man anzubringen, um den Fehler zu beheben?

Steht der Index rechts vom Nullpunkte oder auf dem Vorbogen, so ist jeder abgelesene Winkel zu klein oder die Indexberichtigung erhält das Zeichen +; steht aber der Index links vom Nullpunkte oder auf dem Gradbogen selbst, so ist jeder abgelesene Winkel zu groß oder die Indexberichtigung erhält das Zeichen −.

Wie müssen übrigens behufs richtiger Winkelmessung die Spiegel gestellt sein?

Dieselben müssen rechtwinklig auf der Ebene des Instruments stehen.

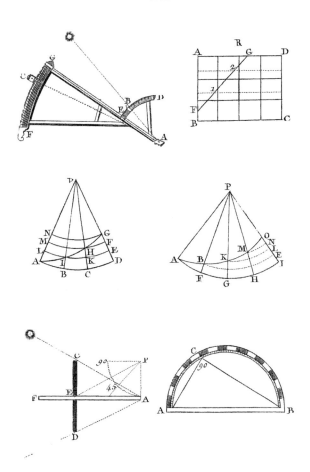

Allerlei Beobachtungsgerät

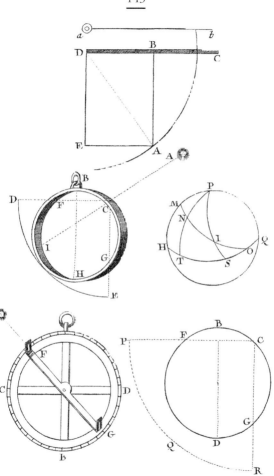

Allerlei Beobachtungsgerät

Wie untersucht man dies für den großen Spiegel?

Man stellt den Index etwa auf die Mitte des Gradbogens und sieht, ob dieser mit seinem Bilde im großen Spiegel eine ungebrochene Linie bildet; ist dies der Fall, so steht der Spiegel rechtwinklig.

Wie untersucht man, ob der kleine Spiegel rechtwinklig steht?

Man bringt bei aufrechter Haltung des Instruments das Spiegelbild der Kimm mit dieser selbst in Linie und bewegt dann das Instrument um die Gesichtslinie als Drehungsachse. Bleibt die Kimm ungebrochen, so steht der kleine Spiegel rechtwinklig.

Welche Winkel mißt man mit den Spiegelinstrumenten?

Bogenwinkel, und zwar entweder den Abstand eines Gestirnes von der Kimm oder den Abstand eines Gestirnes vom Monde.

Was versteht man unter Kimmabstand?

Den Bogen des Vertikals vom natürlichen Meereshorizonte, d. h. der Kimm bis zum scheinbaren Orte des Gestirns.

Werden bloß über dem natürlichen Horizonte Beobachtungen angestellt?

Nein, am Lande auch über dem künstlichen.

Was versteht man unter einem künstlichen Horizonte?

Jede horizontale Spiegelfläche.

Was giebt eine Messung über dem künstlichen Horizonte unmittelbar?

Die doppelte scheinbare Höhe.

Was versteht man unter der scheinbaren Höhe?

Den Bogen des Vertikals vom scheinbaren Horizonte bis zum scheinbaren Orte des Gestirns.

Und wie erhält man dieselbe aus dem Kimmabstande?

Indem man die Kimmtiefe subtrahiert.

Was versteht man unter der Kimmtiefe?

Die Senkung des natürlichen Horizontes unter den scheinbaren, oder den Winkel, welchen die Gesichtslinie zur Kimm mit der Ebene des scheinbaren Horizontes macht.

Was leitet man weiter aus der scheinbaren Höhe ab?

Die wahre Höhe.

Was versteht man unter der wahren Höhe?

Den Bogen des Vertikals vom wahren Horizonte bis zum wahren Orte des Gestirns.

Wie leitet man die wahre Höhe aus der scheinbaren ab?

Indem man zunächst die Strahlenbrechung subtrahiert.

Was versteht man unter Strahlenbrechung?

Die Eigenschaft des Lichtstrahles, von seinem geradlinigen Wege abgelenkt zu werden, wenn er aus einem durchsichtigen Mittel in ein an-

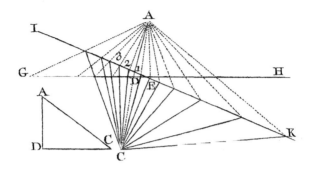

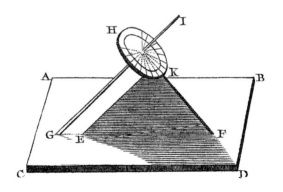

Aus der Lehre der Horizonte …

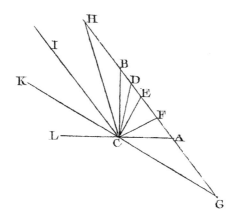

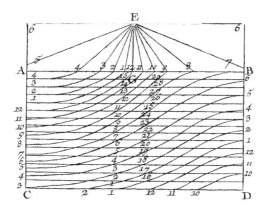

... und der Lichtbrechung

deres von ungleicher Beschaffenheit übergeht, und schief gegen die Begrenzungsfläche einfällt.

Und wie wird im Allgemeinen diese Ablenkung stattfinden?

Geht der Lichtstrahl von einem dünneren Mittel in ein dichteres über, so wird er dem Einfallslothe zugebrochen; geht er umgekehrt von einem dichteren Mittel in ein dünneres über, so wird er vom Einfallslothe abgebrochen.

Was versteht man unter dem Einfallslothe?

Ein Loth gegen die Begrenzungsfläche in dem Punkte, wo der Strahl einfällt.

Was für eine Linie wird dies für den Lichtstrahl sein, welcher von einem Gestirne in die Lufthülle tritt?

Die Linie zum Erdmittelpunkte.

Welche Wirkung wird die Strahlenbrechung also auf den Lichtstrahl ausüben?

Er wird in der Lufthülle nach unten gebrochen, so daß wir das Gestirn höher sehen müssen, als es in Wirklichkeit steht.

Findet bei der Strahlenbrechung ein Größtes und Kleinstes statt?

Je schräger der Strahl auffällt, desto größer ist die Brechung; im Horizonte ist sie also am größten; im Zenith aber, von woher Strahlen, um in unsere Augen zu gelangen, rechtwinklig gegen die Begrenzungsfläche einfallen müssen, ist sie Null.

Was erhält man, wenn von der scheinbaren Höhe die Strahlenbrechung subtrahiert ist?

Die wahre Höhe über dem scheinbaren Horizonte.

Ist denn dies nicht schon die wahre Höhe?

Allerdings bei denjenigen Gestirnen, deren Entfernung den Erdhalbmesser unendlich übertrifft.

Welche Gestirne sind dies?

Die Fixsterne.

Bei welchen Gestirnen sind noch weitere Verbesserungen anzubringen?

Bei der Sonne, dem Monde und den Planeten.

Welche Verbesserung ist allen dreien gemeinschaftlich?

Die Verbesserung für Verschub.

Was versteht man in diesem Falle unter dem Verschube?

Den Winkel, um welchen sich die Gesichtslinie nach einem Gestirne für den Beobachter verschieben würde, der sich von seinem Standpunkte an der Erdoberfläche in den Erdmittelpunkt versetzte.

Welchen Einfluß auf die Höhe des Gestirns hat diese Ortsveränderung des Beobachters?

Das Gestirn wird dadurch erhöht, oder der Verschub ist allemal zur wahren Höhe über dem scheinbaren Horizonte zu addieren.

Wovon ist die Größe des Verschubs abhängig?

Von der Enfernung und der Höhe des Gestirns.

Wie von der Entfernung?

Je näher das Gestirn ist, desto größer; aber je weiter das Gestirn ist, desto kleiner ist der Verschub.

Und wie von der Höhe?

Im Horizonte ist der Verschub am größten, nimmt aber mit der zunehmenden Höhe ab, bis er im Zenith Null wird.

Welchen Verschub unterscheidet man demnach?

Horizontalverschub und Höhenverschub.

Was erhält man denn nach der Anbringung dieser Berichtigung?

Die wahre Höhe über dem wahren Horizonte oder die eigentlich wahre Höhe.

Worauf kann sich aber bei Sonne und Mond die Beobachtung nur erstrecken?

Auf den Rand der Scheibe.

Wie beschickt man denn die Beobachtung auf den Mittelpunkt?

Zu dem zugewendeten Rande muß allemal der

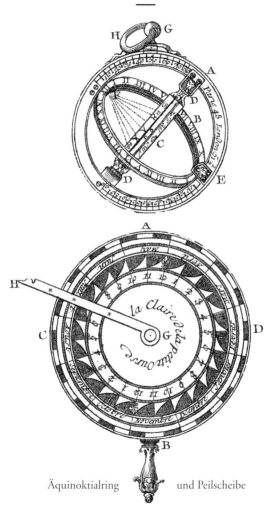

Äquinoktialring   und Peilscheibe

Halbmesser addiert, von dem abgewendeten Rande aber muß er subtrahiert werden.

Was versteht man denn unter dem Halbmesser eines Gestirns?

Den halben Winkelabstand zweier entgegengesetzten Randpunkte der sichtbaren Scheibe.

Sehen wir von unserm Standpunkte an der Erdoberfläche den wahren Halbmesser?

Nein, der wahre Halbmesser ist derjenige, den wir im Mittelpunkte der Erde sehen.

Welchem Einfluß ist denn der von der Erdoberfläche aus gesehene Halbmesser unterworfen?

Im Zenith ist uns jedes Gestirn um den Erdhalbmesser näher, als im Horizont; der Halbmesser muß sich also mit der Höhe vergrößern.

Müssen wir die Vergrößerung mit der Höhe bei jedem Gestirne in Rechnung bringen?

Nur bei dem Monde, da sie bei den andern zu unbedeutend ist.

Ist die Größe des Halbmessers noch einem anderen Einflusse unterworfen?

Ja, dem der Strahlenbrechung.

Und in welcher Weise wirkt diese?

Sie hebt den niedrigeren Punkt mehr als den höheren, wird also den senkrechten Halbmesser am meisten, den schrägen weniger, und den horizontalen gar nicht verkürzen.

Ist diese Verkürzung von Bedeutung?

Nein, wir können sie in den meisten Fällen ganz vernachlässigen.

Woraus besteht nun die Beschickung bei dem Kimmabstande eines Fixsternes?

Aus Kimmtiefe und Strahlenbrechung.

Woraus besteht die Beschickung bei dem Kimmabstande eines Planeten?

Aus Kimmtiefe, Strahlenbrechung und Höhenverschub.

Woraus besteht die Beschickung bei dem Kimmabstande der Sonne oder des Mondes?

Aus Kimmtiefe, Strahlenbrechung, Höhenverschub und Halbmesser.

Wie beschickt man, falls zwei Höhen an verschiedenen Orten beobachtet sind, die kleinere Höhe auf den Beobachtungsort der größeren?

Man peilt die Sonne bei der kleineren Höhe und bestimmt Kurs und Distanz von dem Orte der kleineren Höhe nach dem Orte der größeren Höhe, nöthigenfalls durch Koppelung.

Wie ist es mit dem Namen dieses Kurses, jenachdem die kleinere Höhe vor oder nach der größeren gemessen ist?

War die kleinere Höhe vor der größeren beobachtet, so behält der in der Zwischenzeit gesegelte Kurs seinen Namen; war die kleinere Höhe nach der größeren beobachtet, so erhält jener Kurs den entgegengesetzten Namen.

Wie verfährt man dann weiter?

Den zwischen diesem Kurse und der Peilung der Sonne liegenden Winkel schlägt man in der Strichtafel auf, geht mit der gesegelten Distanz in die D-Spalte ein und nimmt dafür die Beschickung aus der B-Spalte. Ist der zwischen dem Kurse und der Peilung liegende Winkel stumpf, so geht man mit dem Supplemente in die Strichtafel ein.

Wie wird nun die Beschickung angebracht?

Dieselbe wird zur kleineren wahren Höhe addiert, wenn der Winkel zwischen dem Kurse und der Peilung spitz ist; degegen wird sie von der kleineren wahren Höhe subtrahiert, wenn jener Winkel stumpf ist.

Müssen Peilung und Kurs wegen Misweisung verbessert werden?

Nein, aber der Kurs muß für Abtrift und eintretendenfalls wegen Strömung verbessert werden.

Astronomische Steuermannskunst

Welches sind die Aufgaben der astronomischen Steuermannskunst ?

Breiten- und Längenbestimmungen, Bestimmung der Misweisung und Berechnung der Hochwasserzeit.

Welch ein wesentliches Hülfsmittel außer dem Sextanten und der Uhr ist zu diesen astronomischen Rechnungen, namentlich zu Breiten- und Längenbestimmungen erforderlich ?

Tafeln, aus denen sich der Ort eines Gestirns an der Himmelskugel für den Augenblick der Beobachtung ableiten läßt.

Auf welche Tafeln kann man sich beschränken, wenn für die Beobachtungen nur die Sonne und die Fixsterne in Frage kommen ?

Auf solche, aus denen sich die Sterntageszeit, die Zeitgleichung und die Abweichung der Sonne und die Geradeaufsteigung und Abweichung der Fixsterne ergeben.

Welche Breitenbestimmungen unterscheiden wir?

Breitenbestimmungen in und außer dem Meridiane.

Und wie unterscheiden sich die Breitenbestimmungen im Meridiane?

Jenachdem die Höhe bei der oberen oder unteren Culmination gemessen ist.

Wie beobachtet man den Kimmabstand eines Gestirns bei der oberen Culmination?

Man nimmt einige Zeit vor der Culmination den Kimmabstand und folgt der Zunahme desselben, bis das Gestirn zum Stehen kommt oder vom Steigen zum Sinken übergeht. Dieser größte Kimmabstand ist der Kimmabstand bei der oberen Culmination.

Wie beobachtet man den Kimmabstand eines Gestirns bei der unteren Culmination?

Man nimmt einige Zeit vor der Culmination den Kimmabstand und folgt der Abnahme desselben bis das Gestirn zum Stehen kommt oder vom Sinken zum Steigen übergeht. Dieser kleinste Kimmabstand ist der Kimmabstand bei der unteren Culmination.

Wie nennt man die Breite, welche man durch eine Sonnenhöhe in der oberen und unteren Culmination bestimmt mit Rücksicht auf den Zeitpunkt, in dem diese Breitenbestimmung stattfindet?

Die Mittagsbreite, wenn die Sonne bei der oberen Culmination beobachtet wurde; und die

Mitternachtsbreite, wenn die Sonnenhöhe bei der unteren Culmination beobachtet wurde.

Wie verfährt man, um die Mittagsbreite zu bestimmen?

Man beobachtet den Kimmabstand der Sonne in der oberen Culmination, giebt diesem Kimmabstande den Namen Nord oder Süd, jenachdem die Sonne auf die nördliche oder südliche Kimm gebracht war, und beschickt denselben zur wahren Mittelpunktshöhe. Dem Complemente dieser Meridionalhöhe oder Meridionalzenithdistanz giebt man den entgegengesetzten Namen. Weiter berechnet man die dem wahren Ortsmittage entsprechende mittlere Greenwich-Zeit und entnimmt dafür aus der Tafel die Abweichung der Sonne. Sind dann Zenithdistanz und Abweichung gleichnamig, so giebt ihre Summe, sind sie ungleichnamig, so giebt ihr Unterschied die Breite des Beobachtungsortes, allzeit gleichnamig mit der größeren von beiden. Würde die wahre Mittelpunktshöhe > 90°, so gäbe der Ueberschuß über 90° die Meridionalzenithdistanz, und zwar in diesem Falle gleichnamig mit dem beobachteten Kimmabstande.

Kann man dasselbe Verfahren auch bei anderen Himmelskörpern anwenden?

Ja, es ist für alle Himmelskörper dasselbe, wird aber, abgesehen von der Beschickung des Kimmabstandes zur wahren Höhe, bei den Fixsternen auch noch dadurch vereinfacht, daß man ihre Abweichung wenigstens im Verlaufe eines Jahres unveränderlich annehmen darf.

Wie verfährt man, um aus einem Kimmabstande in der unteren Culmination die Breite zu bestimmen?

Man beschickt den Kimmabstand zur wahren Mittelpunktshöhe und addiert dazu die von 90° subtrahierte Abweichung. Die Summe ist die Breite, allzeit gleichnamig mit der Höhe.

Welche Breitenbestimmung außer dem Meridiane ist die einfachste?

Die Breitenbestimmung durch den Nordstern.

Was muß behufs dieser Bestimmung bekannt sein?

Die mittlere Ortszeit und Geradeaufsteigung der mittleren Sonne für den Augenblick der Beobachtung; und die Geradeaufsteigung und Abweichung des Nordsterns.

Woher nimmt man die Geradeaufsteigung der mittleren Sonne?

Aus der Tafel für die Sterntageszeit, indem man zum Einschalten für die dem Augenblicke der Beobachtung entsprechende mittlere Greenwich-Zeit die Beschleunigung der Sternzeit benutzt.

Wie verfährt man nun?

Hat man den beobachteten Kimmabstand zur wahren Höhe beschickt, so berechnet man die Berichtigung, welche man an die wahre Höhe anbringen anbringen muß, um die Polhöhe oder Breite zu erhalten.

Womit ändert sich die Größe dieser Berichtigung ?

Mit der Größe des Stundenwinkels.

Wie findet man den Stundenwinkel des Nordsterns ?

Man addiert die astronomische mittlere Zeit und die Geradeaufsteigung der mittleren Sonne. Die Summe giebt die Geradeaufsteigung des Meridians oder die Sterntageszeit im Augenblicke der Beobachtung. Subtrahiert man hiervon die Geradeaufsteigung des Nordsterns, so erhält man den Stundenwinkel desselben.

Welche Formel giebt dann die Berichtigung ?

Man erhält die Berichtigung, wenn man die Poldistanz mit dem Cosinus des Stundenwinkels multipliciert.

Wie werthet man diese Formel logarithmisch aus ?

Zum *log arc* der Poldistanz addiert man den *log cos* des Stundenwinkels. Die Summe giebt den *log arc* der Berichtigung.

Was hat man nöthigenfalls mit dem Stundenwinkel zu thun, um mit ihm in die Tafel eingehen zu können ?

Ist derselbe > 6st und < 18st, so nimmt man den Unterschied zwischen ihm und 12st. Ist er aber > 18st, so subtrahiert man ihn von 24st.

Wie bringt man endlich die Berichtigung an?

Man subtrahiert die Berichtigung von der Höhe des Nordsterns, wenn dieser über dem Pole steht, also der Stundenwinkel < 6st und > 18st ist; dagegen addiert man die Berichtigung zur Höhe des Nordsternes, wenn dieser unter dem Pole steht, also der Stundenwinkel > 6st und < 18st ist.

In welchem Falle ist die Berichtigung Null?

Wenn der Stundenwinkel = 6st oder = 18st ist.

Und in welchem Falle ist die Berichtigung gleich der Poldistanz?

Wenn der Stundenwinkel = 0st oder = 12st ist.

Wo steht dann der Stern?

In der oberen oder unteren Culmination.

Und wie würde die Poldistanz in diesem Falle anzubringen sein?

In der oberen Culmination ist die Poldistanz von der Höhe des Nordsterns zu subtrahieren, in der unteren Culmination ist die Poldistanz zur Höhe des Nordsterns zu addieren.

Welche Zeit ist die günstigste, um diese Breitenbestimmung zu machen?

Die Zeit der oberen und unteren Culmination des Nordsterns.

Aus welchem Grunde ?

Weil dann ein Fehler in der Zeitbestimmung den geringsten Einfluß auf die Breitenbestimmung äußert.

Woran erkennt man diese Zeitpunkte angenähert ?

Steht der Stern ζ im großen Bären (das mittlere Deichselpferd am großen Wagen, auf dem das Reuterlein Alcor sitzt) im Vertikale unter dem Nordstern, so ist dieser in seiner oberen Culmination; steht aber der Stern δ in der Cassiopeja (der zweite Stern von den fünfen, welche das **W** bilden) im Vertikale unter dem Nordsternes, so ist dieser in seiner unteren Culmination.

Wodurch wird die Länge eines Ortes astronomisch bestimmt ?

Durch Vergleichung der mittleren Ortzeit mit der mittleren Zeit am ersten Meridiane.

Woher erhält man die mittlere Ortzeit ?

Aus dem Stundenwinkel eines Gestirnes.

Und wodurch erhält man den Stundenwinkel eines Gestirnes ?

Man berechnet denselben aus einem beobachteten Kimmabstande.

Wann muß der Kimmabstand beobachtet werden, falls die Zeit daraus bestimmt werden soll ?

Wenn das Gestirn in der Nähe des ersten Vertikals ist, weil sich dann die Höhe desselben am raschesten ändert.

Welche Stücke sind zur Berechnung des Stundenwinkels erforderlich ?

Außer der wahren Höhe des Gestirns, welche man aus dem beobachteten Kimmabstande ableitet, muß man noch die Abweichung des Gestirns und die Breite des Beobachtungsortes kennen.

Wie erhält man die Breite des Beobachtungsortes ?

Man beschickt die Mittagsbreite mit Hülfe der Loggerechnung auf den Ort der Beobachtung.

Wie wird nun der Stundenwinkel berechnet ?

Hat man den Kimmabstand zur wahren Mittelpunktshöhe beschickt, so subtrahiert man die Breite (φ) und Abweichung (δ), wenn sie gleichnamig sind, addiert sie aber, wenn sie ungleichnamig sind; man erhält dadurch die Meridionalzenithdistanz. Zu dieser addiert man das Complement der wahren Höhe, d. h. die Zenithdistanz außer dem Meridiane, und berechnet nun die halbe Summe ($s/_2$) und den

halben Unterschied ($^u/_2$) der beiden Zenithdi-
stanzen, und zwar den letzteren durch Subtraction der halben Summe von der größeren
Zenithdistanz. Addiert man endlich den *log sec*
der Breite (φ), den *log sec* der Abweichung (δ),
den *log sin* der halben Summe ($^s/_2$) und den *log
sin* des halben Unterschiedes ($^u/_2$), so erhält
man den *log sem* (Semiversus) des Stundenwinkels. Mit diesem Logarithmen geht man in die
zugehörige Tafel von oben ein, wenn das
Gestirn westlich vom Meridiane stand, und
von unten, wenn es östlich davon stand.

Giebt dieser Stundenwinkel unmittelbar die mittlere Ortszeit ?

Nein, es ist noch ein weiteres Verfahren nöthig.

Worin besteht dies, wenn die Sonne beobachtet war ?

War die Sonne beobachtet, so giebt der Stundenwinkel unmittelbar wahre Ortszeit. Wird
an diese die Zeitgleichung mit ihrem Zeichen
aus der Tafel angebracht, so erhält man die
mittlere Ortszeit.

Und wie verfährt man, wenn ein Fixstern beobachtet war ?

Zum Stundenwinkel des Sternes addiert man
die Geradeaufsteigung desselben; die Summe
giebt die Geradeaufsteigung des Meridians.
Von dieser, welche nöthigenfalls um 24st vergrößert werden muß, subtrahiert man die dem

Augenblicke der Beobachtung entsprechende Geradeaufsteigung der mittleren Sonne. Der Rest giebt die mittlere Ortszeit astronomisch gerechnet, also Nachmittags, wenn sie < 12st ist, und Vormittags, wenn sie > 12st ist.

Kann man nicht auch den Stundenwinkel ohne logarithmische Rechnung bestimmen ?

Wenn man an demselben Orte von einem Gestirne, welches seine Abweichung nicht ändert, z. b. von einem Fixsterne gleiche Höhen auf entgegengesetzten Seiten des Meridians beobachtet und dazu die Uhrzeiten einer regelmäßig gehenden Uhr bemerkt, so giebt die halbe Zwischenzeit zwischen den Beobachtungen den östlichen Stundenwinkel für die erste Beobachtung, und den westlichen Stundenwinkel für die zweite.

Weshalb darf man so verfahren ?

Da Breite, Abweichung und Höhe in diesem Falle für beide Beobachtungen dieselben sind, so müssen der östliche und westliche Stundenwinkel einander gleich sein.

Was würde man durch die Mittelzeit erhalten ?

Den Augenblick der oberen Culmination.

Und was würde dann die Geradeaufsteigung des Meridians sein ?

Die Geradeaufsteigung des Sterns.

Wie würde man also in diesem Falle die mittlere Ortszeit am einfachsten finden ?

Man müßte die der Mittelzeit entsprechende Geradeaufsteigung der mittleren Sonne von der Geradeaufsteigung des Sterns, die nöthigenfalls um 24st zu vergrößern wäre, subtrahieren. Der Rest wäre die mittlere Ortszeit astronomisch gerechnet.

Wodurch erhält man die mittlere Zeit am ersten Meridiane ?

Durch eine regelmäßig gehende Uhr, Chronometer genannt, deren Stand und Gang bekannt ist.

Was versteht man in diesem Falle unter dem Stande des Chronometers ?

Den Unterschied zwischen der Uhrzeit und der mittleren Zeit am ersten Meridiane oder in Greenwich.

Wie bestimmt man den Stand des Chronometers ?

Zu einer Beobachtung, aus der die mittlere Zeit abgeleitet werden kann, bemerkt man die Uhrzeit des Chronometers. Dann leitet man die mittlere Ortszeit, und aus ihr mit Hülfe der Länge des Orts die mittlere Tageszeit am ersten Meridiane ab. Der Unterschied zwischen der Uhrzeit und der mittleren Tageszeit am ersten Meridiane, wenn man die kleinere von der größeren subtrahiert, giebt den Stand des Chronometers. Derselbe ist vor, wenn die Uhrzeit die größere war, dagegen nach, wenn die

Uhrzeit die kleinere war. Beide Zeiten sind selbstverständlich auf ein und dasselbe Datum zu bringen. Wird der Stand < 6st, so subtrahiert man ihn von 12st und giebt dem Reste den entgegengesetzten Namen.

An welchen Orten kann also der Stand des Chronometers nur bestimmt werden?

Nur an solchen, deren Länge genau bekannt ist.

Was versteht man unter dem Gange des Chronometers?

Die Anzahl Sekunden, welche derselbe täglich gegen 24st mittlere Zeit gewinnt oder verliert.

Wie bestimmt man den täglichen Gang des Chronometers?

Man findet denselben, wenn man den Unterschied zweier Stände durch die Anzahl der Tage dividirt, welche zwischen den beiden astronomischen mittleren Greenwicher Tageszeiten, zu denen die Stände aufgemacht waren, verflossen sind. Außer den verflossenen ganzen Tagen verwandelt man auch die überschüssigen Stunden und Minuten in Decimalbruchtheile des Tages. Ist die astronomische mittlere Tageszeit des zweiten Standes kleiner, so addirt man 24st und nimmt das Datum des vorhergehenden Tages.

Wie erhält man den Unterschied der Stände?

Indem man gleichnamige Stände, die also beide

vor oder beide nach sind, subtrahiert, und ungleichnamige Stände addiert.

Wie kann man den Unterschied der Stände auch nennen ?

Den Gesammtbetrag des Ganges während der verflossenen Tage.

Wie bestimmt man den Namen des Ganges ?

Sind die Stände gleichnamig, so ist der Gang gewinnend, wenn der zweite Stand mehr vor oder weniger nach war; dagegen verlierend, wenn der zweite Stand weniger vor oder mehr nach war. Sind die Stände ungleichnamig, so ist der Gang gewinnend, wenn der zweite Stand vor war, dagegen verlierend, wenn der zweite Stand nach war.

Wie leitet man aus der Uhrzeit des Chronometers mit Hülfe von Stand und Gang die mittlere Greenwicher Tageszeit ab ?

An die astronomisch gerechnete Uhrzeit bringt man zunächst den Stand an, und zwar mit dem Zeichen −, wenn er vor war, aber mit dem Zeichen +, wenn er nach war. Dadurch erhält man die angenäherte mittlere Greenwicher Tageszeit. Dann sucht man die Anzahl der seit der Aufmachung des Standes verflossenen Tage, indem außer den ganzen Tagen auch die überschüssigen Stunden und Minuten in Decimalbruch-theile eines Tages verwandelt werden. Multiplicirt man die Anzahl der verflossenen Tage mit dem täglichen Gange, so erhält man den Gesammtbetrag des Ganges. Diesen bringt man an die angenäherte mittlere Greenwicher Tageszeit an, und zwar mit dem Zeichen —, wenn der tägliche Gang gewinnend war, aber mit dem Zeichen +, wenn er verlierend war. Daraus ergiebt sich die genaue mittlere Greenwicher Tageszeit.

Wozu dient diese mittlere Greenwich-Zeit bei Längenbestimmungen zunächst?

Um die zur Bestimmung der mittleren Ortszeit nöthigen Elemente aus den astronomischen Tafeln zu entnehmen.

Wie ergiebt sich nun aus der Vergleichung der mittleren Ortszeit mit der mittleren Greenwich-Zeit die Länge?

Wenn man beide Zeiten astronomisch gerechnet und auf dasselbe Datum gebracht hat, so subtrahiert man die kleinere von der größeren. Dann giebt der Zeitunterschied in Bogen verwandelt die Länge.

Und wie wird dieselbe benannt?

Sie erhält den Namen West, wenn die Greenwich-Zeit größer, und den Namen Ost, wenn die Greenwich-Zeit kleiner ist, als die mittlere Ortszeit.

Wie kann man aus zwei Höhen und der Zwischenzeit mit Hülfe der Längenbestimmung auch die Breite bestimmen?

Man bemerkt zu zwei Höhen desselben Gestirnes, die man in nicht zu kurzer Zwischenzeit beobachtet hat, die Uhrzeiten des Chronometers und peilt des Gestirn bei der kleineren Höhe. Dann beschickt man die kleinere Höhe auf den Beobachtungsort der größeren.

Kennt man nun seine Breite angenähert, wie dies ja immer der Fall sein wird, hat aber Grund, dieselbe für fehlerhaft zu halten, so nimmt man zwei Breiten an, die eine um den möglichen Fehler größer, die andere um so viel kleiner, und berechnet für diese beiden Breiten zu jeder Höhe die Längen.

Diese Längen setzt man auf den angenommenen Breitenparallelen in der Mercatorschen Karte ab und verbindet je zwei zu einer und derselben Höhe gehörende Längen durch eine gerade Linie.

Der Durchschnittspunkt beider Standlinien, die nöthigenfalls zu verlängern sind, giebt den Ort des Schiffes, wo sich dasselbe bei Beobachtung der größeren Höhe befand.

Würde ein fehlerhafter Stand des Chronometers hierbei von schädlichem Einflusse sein?

Nicht in Bezug auf die Breitenbestimmung, da die Längen, also auch beide Standlinien dadurch gleichmäßig verschoben würden.

Wann wird diese Methode die zuverlässigsten Ergebnisse liefern?

Wenn die Beobachtungen innerhalb einer solchen Zwischenzeit gemacht sind, daß sich die Standlinien unter einem rechten Winkel schneiden.

Wann wird dies aber bei der Sonne überall nicht möglich sein?

Wenn die Sonne in der Nähe des Zeniths culminiert.

Wie streicht nämlich jede Standlinie?

Rechtwinklig gegen das Azimuth der Sonne.

Wo wird aber der Beobachter die Sonne stets peilen, wenn sie in der Nähe des Zenith culminiert?

Er wird die Sonne immer nahe am ersten Vertikal, also nahe Ost oder West peilen.

Wie können also die Standlinien auch nur liegen?

Nahe Nord und Süd, so daß sie sich unter sehr spitzem Winkel schneiden.

Wie bestimmt man die Misweisung?

Durch Vergleichung der beiden Strichnamen, welche eine und dieselbe Richtungslinie oder Peilung auf der magnetischen und auf der wahren Strichrose hat.

Wann müßten beide Peilungen dieselben Namen haben ?

Wenn der Nordstrich der magnetischen Strichrose mit dem wahren Nord zusammenfiele.

Woher rührt also die Verschiedenheit der Namen ?

Davon, daß der magnetische Nordstrich vom
wahren abweicht; mit andern Worten davon,
daß der Kompaß Misweisung hat.

Wie kann man die Misweisung unmittelbar durch Vergleichung der Nordstriche bestimmen ?

Wenn man den Nordstern in seiner oberen
oder unteren Culmination peilt.

Was ist dann die Größe der Misweisung ?

Die Peilung selbst in Strichmaß ausgedrückt.

Und wie ist es mit dem Namen ?

Eine östliche Peilung zeigt an, daß das magnetische Nord westlich vom wahren liegt oder die
Misweisung westlich ist. Eine westliche Peilung
dagegen zeigt an, daß das magnetische Nord
östlich vom wahren liegt oder die Misweisung
östlich ist.

Welches andere Mittel bietet sich dar, um die Misweisung zu
bestimmen ?

Eine Vergleichung der magnetischen und
wahren Amplitude der Sonne.

Woher erhält man die magnetische Amplitude ?

Man peilt die Sonne am Kompaß, wenn ihr
Unterrand um 20' oder reichlich um den

Sonnenhalbmesser über der Kimm erhöht
ist.

Woher erhält man die wahre Amplitude ?

Entweder aus einer besonders berechneten
Hülfstafel, oder indem man den *log sec* der
Breite und den *log sin* der Abweichung addiert;
die Summe giebt den *log sin* der Amplitude.

Woher erhält man denn die mittlere Greenwich-Zeit, um
dafür die Abweichung aus der Tafel zu entnehmen ?

Durch den halben Tag- oder Nachtbogen, zu
dessen Bestimmung eine ganz roh ausgenom-
mene Abweichung hinreicht, erhält man die
wahre Ortszeit. An diese bringt man die Zeitgleichung und den Längenunterschied; das
Ergebnis ist die mittlere Greenwich-Zeit, für
welche dann die Abweichung genau bestimmt
wird.

Wie erhält man die Größe der Misweisung ?

Man giebt der berechneten wahren Amplitude
den der Abweichung entsprechenden Namen.
Dann subtrahiert man die magnetische und
wahre Amplitude, wenn sie gleichnamig sind;
addiert sie aber, wenn sie ungleichnamig sind;
das Ergebnis ist die Größe der Misweisung.

Und wie verfährt man, um den Namen der Misweisung zu
finden ?

Man denkt sich in die Mitte des Kompasses mit
dem Auge nach der magnetischen Peilung

gewendet; liegt dann die wahre Amplitude zur rechten, so ist die Misweisung östlich; liegt sie aber zur linken, so ist die Misweisung westlich.

Wovon ist die Zeit des Hochwassers abhängig?

Von der Culminationszeit des Mondes.

Kann man denn die Hochwasserzeit mit Hülfe der Mondculmination allein berechnen?

Nein, man muß auch die Hafenzeit kennen.

Was versteht man darunter?

Die wahre Sonnenzeit des Hochwassers am Tage des Neumondes, wobei freilich vorausgesetzt wird, daß der Neumond genau um 0^u wahre Ortszeit eintritt.

Und wie verfährt man bei der Berechnung?

Man nennt die Anzahl der Tage, welche seit dem letzten Neumonde verflossen sind, das Mondesalter. Nun hat man Tafeln aufgestellt, in denen für den Anfang eines jeden Monats das Mondesalter angegeben ist. Um also das Mondesalter für irgend einen Tag zu finden, hat man nur das Datum des fraglichen Tages zum Mondesalter für den Monatsanfang zu addieren. Würde die Summe = 30, so wäre der Tag eben ein Tag des Neumondes. Würde die

Summe > 30, so hätte man 30 zu subtrahieren, und der Rest gäbe das Mondesalter. Da sich nun täglich die Mondesculmination um reichlich 48^m verzögert und von ihr das Hochwasser abhängig ist, so muß sich auch dies mit dem Mondesalter täglich verspäten. Eine zweite Tafel giebt an, wieviel diese Verspätung für jeden Tag des Mondesalters beträgt; und diese Verspätung würde unmittelbar die Zeit des Hochwassers geben, wenn dasselbe an den Tagen des Neumondes wirklich auch um 0^u einträte. Tritt es aber schon am Tage des Neumondes eine gewisse Zeit nach der Mondesculmination ein, so wird es auch täglich so viel später eintreten, und deshalb hat man die Hafenzeit zu der vom Mondesalter abhängigen Verspätung zu addieren. Die Summe giebt die Zeit des Hochwassers vom wahren Mittage des fraglichen Tages an gerechnet. Wäre dieselbe > $12^{st} 24^m$, so würde zwischen ihr und dem vorhergehenden Mittage noch ein anderes Hochwasser liegen, und die Zeit desselben fände man, wenn man von jener Summe $12^{st} 24^m$ subtrahierte. Wäre die Summe > $24^{st} 48^m$, so lägen zwischen ihr und dem fraglichen Mittage noch zwei Hochwasser, und man müßte von jener Summe $24^{st} 48^m$ subtrahieren. Um die mittlere Zeit des Hochwassers zu erhalten, hat man noch die Zeitgleichung anzubringen.

Unter Segel gehen, ankern, vor Anker liegen und klar Anker halten

Wie geht ein verzeitetes oder vor zwei Ankern liegendes Schiff unter Segel ?

Ein Schiff kann nur von einem Anker aus unter Segel gehen. Läge es dennoch vor zwei Ankern, so müßte der eine vorher eingewunden werden.

Wie geht ein Schiff unter Segel, welches auf einer Rhede, wo kein Strom läuft, vor einem Anker liegt ?

Man windet die Kette ein, und läßt zugleich die Marssegel, Klüfer, Vorstengenstagsegel, Besahn und bei leichter Brise auch zugleich die Bramsegel losmachen. Ist der Anker auf und nieder gewunden, so setzt man diese Segel bei, braßt die Hinterrahen auf der Seite an, nach der das Schiff abfallen soll, die Vorderrahen auf der entgegengesetzten Seite und holt die Klüferschote lufwärts über. Dann windet man die Kette weiter ein; sobald der Anker springt, wird

das Schiff abfallen, und zugleich etwas über
Steuer gehen, weshalb das Ruder, um das Abfallen zu beschleunigen, an dieselbe Seite gelegt
werden muß, nach der das Schiff abfallen soll.
Mittlerweile ist der Anker vor der Klüse angelangt, man holt die Klüferschoten über, braßt
die Vorderrahen voll und setzt die übrigen Segel
nach Belieben.

Kann man denn unter allen Umständen zuerst auf und
nieder winden ?

Der Anker muß so viel Kette behalten, daß er
während des Segelsetzens nicht durchgeht. Bei
mäßigem Winde könnte man also auf und
nieder winden, bei stärkerem Winde aber
müßte man ja nach den Umständen mehr
Kette draußen lassen.

Wie würde man verfahren, wenn eine Strömung im Sinne
der Windrichtung im Wasser wäre ?

Ganz auf dieselbe Weise, nur mit dem Unterschiede, daß das Ruder auf die entgegengesetzte Seite gelegt wird, sobald der Anker
springt, da ein Strom von vorn dieselbe Wirkung auf das Ruder hat als Fahrt voraus.

Wie würde man ankerauf gehen, wenn das Schiff auf dem
Strome liegt und der Wind von hinten kommt ?

Man setzt so viel Segel als erforderlich sind, um
den Strom todt zu segeln, windet dann den
Anker vor die Klüse, und setzt die übrigen
Segel bei.

Nach welcher Seite soll man beim Ankerlichten das Schiff abfallen lassen, vorausgesetzt daß kein Hinderniß im Wege ist?

Liegt man vor dem Steuerbordsanker, so sollte man nach Backbord, liegt man vor dem Backbordsanker, so sollte man nach Steuerbord abfallen. Das Abfallen wird dann durch den anfangs noch schleppenden Anker nicht gehindert, und man hat außerdem den gelichteten Anker auf der Lufseite, wo er leichter beseitigt werden kann als in Leh.

Wie würde man unter Segel gehen, wenn Wind und Strom von vorne kommen, das Fahrwasser aber zu enge oder der Strom zu stark ist, um auf gewöhnliche Weise zu verfahren?

Man würde einen Warpanker zu Hülfe nehmen.

Und wie verfährt man damit?

Man bringt einen Warpanker aus, dessen Größe man nach der Stärke der Gezeit und des Windes bemißt und den man etwas über den anderen Anker hinaus fallen läßt. Das Tau dieses Warpankers führt man durch die Hinterklüse, und zwar an derjenigen Seite, welche die Lufseite werden soll. Dann windet man den Anker auf und nieder, holt das Tau des Warpankers steif und belegt dasselbe, setzt die Marssegel und Klüfer und braßt die Hinterrahen auf der Seite an, nach der das Schiff abfallen soll, die Vorderrahen auf der entgegengesetzten

Seite und lichtet den Anker. Sobald derselbe springt, wird das Schiff abfallen und vor dem Warpanker herumschwaien. Sobald nun die Hintersegel voll kommen, brasse man vorn herum und kappe das Tau des Warpankers. Der Warpanker geht natürlich dabei verloren, es sei denn daß die Umstände erlauben, denselben nachher mittelst eines Bootes zu lichten und an Bord zu bringen.

Was aber würde man thun, wenn unter obigen Umständen das Wetter zu stürmisch wäre, um einen Warpanker auszubringen?

Man müßte dann vermittelst eines Springtaues unter Segel gehen.

Wie geschieht dies?

Man windet die Ankerkette so weit ein, bis man einen Schekel derselben hinter das Spill bekommt, und schekelt dieselbe ab. Dann nimmt man ein Kabeltau aus der Hinterklüse wieder an derjenigen Seite, welche die Lufseite werden soll, führt dasselbe außenbords frei von Allem zur Ankerkette, macht dasselbe dicht vor der Klüse an der Kette fest, holt steif und belegt. Dann setzt man die nöthigenfalls gereften Segel, braßt die Rahen wie oben und schlippt die Ankerkette. Das Schiff wird nun vor dem Springtau herumfallen, man braßt also die Vorderrahen herum, sobald die Hintersegel voll kommen, und kappt das Kabeltau.

Wie geht ein mit raumem Winde segelndes Schiff zu Anker?

Wenn der Anker klar zum Fallen und die Kette überholt ist, so nimmt man nach und nach die kleineren Segel ein und macht dieselben gleich fest oder läßt sie in der Geih hängen, wenn es an Zeit und Kräften mangelt. Nähert man sich dem Ankerplatz, so geihe man auch die übrigen Segel auf bis auf das große oder Vormarssegel und laufe unter diesem Segel an die Stelle, wo man den Anker fallen zu lassen beabsichtigt. Hier angelangt, geihe man das Vormarssegel auf, lege das Ruder in Leh, hole gleichzeitig die Besahn aus und belege die Schote mittschiffs. Das Schiff luft jetzt hart an, und sobald es die Fahrt verloren hat, läßt man den Anker fallen. Um die Fahrt schneller zu hemmen, könnte man auch, wenn das Schiff im Lufen begriffen ist, die Hinterrahen back brassen.

Wie ankert ein beim Winde segelndes Schiff?

Man birgt nach und nach die Segel und segelt unter Klüfer, Besahn und Marssegeln zum Ankerplatz. In der Nähe desselben geiht man dann das Kreuzsegel und Vormarssegel auf, darauf das große Marssegel, dann holt man den Klüfer nieder, legt gleichzeitig das Ruder in Leh und holt die Besahnschote mittschiffs. Sobald das Schiff im Winde liegt und die Fahrt verloren hat, läßt man den Anker fallen, geiht die Besahn auf und macht die Segel fest. Bei leich-

ter Brise wäre es vielleicht rathsam, das Kreuzsegel beizubehalten, um das Anlufen zu
beschleunigen.

Soll man, sobald der Anker Grund hat, schnell oder langsam
Kette ausstecken?

Wenn das Schiff in dem Augenblick, wo der
Anker fällt, keine oder geringe Bewegung hat,
so fällt die Kette, wenn man zu schnell aussteckt, leicht auf den Anker und wird unklar.
Man stecke deshalb nicht eher Kette aus als bis
das Schiff deiset. Zugleich legt man das Ruder
etwas über, damit das Schiff abschert.

Wie ankert ein vor dem Winde und gegen den Strom segelndes Schiff?

Man richtet das Bergen der Segel so ein, daß
man bei der Ankunft am Ankerplatz nicht
mehr führt, als zum Stemmen des Stromes
erforderlich sind.
Man nimmt dann auch diese fort, und wenn
das Schiff vor dem Strome über Steuer zu treiben beginnt, läßt man den Anker fallen.

Was heißt Verzeiten?

Verzeiten heißt ein Schiff vor zwei Anker legen,
die in entgegengesetzter Richtung stehen.

Weshalb verzeitet man ein Schiff?

Damit es genöthigt werde, innerhalb eines
möglichst kleinen Kreises zu schwaien. Auf

engen oder überfüllten Rheden und Rivieren wird deshalb auch das Verzeiten häufig in Anwendung gebracht.

Wie wird ein Schiff gegen eine Gezeitströmung verzeitet ?

Die Anker werden in der Richtung der Strömung oder in der Kielrichtung gelegt, der eine gegen die Flut, der andere gegen die Ebbe.

Und wie bewerkstelligt man dies ?

Man läßt den ersten Anker in der gewöhnlichen Weise fallen, treibt dann vor dem Strom doppelt so viel Kette aus, als zum sichern Reiten erforderlich ist, und wirft dann den zweiten Anker. Darauf windet man die Kette des ersten Ankers ein, während man gleichzeitig die des zweiten aussteckt, und wenn sich dann von beiden Ketten das gleiche Maß außerhalb der Klüsen befindet, so liegt das Schiff verzeitet.

Wie legt man ein Schiff auf einer Rehde vor zwei Anker, wo keine Strömung vorhanden ist ?

Man kann den zweiten Anker dann nicht in der Kielrichtung fallen lassen, sondern er muß so liegen, daß bei den etwa zu erwartenden vorherrschenden heftigen Winden beide Anker zur Tracht kommen und die Ketten einen rechten Winkel bilden.

Wie würde man dies anfangen ?

Das einfachste ist wohl, das man zunächst wieder den ersten Anker in gewöhnlicher Weise fallen läßt. Dann bringt man einen Warpanker aus, und zwar etwas über den Platz hinaus, an dem man den zweiten Anker fallen lassen will, steckt darauf die Ankerkette aus und holt das Schiff an dem Warpanker an die geeignete Stelle. Hier angelangt, läßt man den zweiten Anker fallen, steckt Kette aus, und windet gleichzeitig die Kette des ersten Ankers ein, bis von beiden Ketten dieselbe Länge außerhalb der Klüsen ist. – Man könnte den zweiten Anker auch mittelst eines Bootes ausbringen, doch wird im Allgemeinen das erste Verfahren vorzuziehen sein.

Kann man beim Verzeiten denn nicht den zweiten Anker mit dem Schiffe selbst ausbringen ?

Ja. Man überholt dann von dem Lufanker doppelt so viel Kette als man auszustecken beabsichtigt und behält, ehe man den ersten Anker fallen läßt, so viel Segel bei, daß man die überholte Kette aus der Klüse hinaussegeln kann. Dann läßt man den Lufanker fallen, segelt darüber hinweg nach dem Orte wo der andere Anker liegen soll, luft scharf an, wirft den Anker, steckt Kette aus und windet gleichzeitig die Kette vom ersten Anker ein. Für Kauffahrteischiffe ist dies Verfahren jedoch bedenklich, da durch die auslaufende Kette die Kupferhaut leiden kann.

Können die Anker unklar werden, wenn ein Schiff verzeitet liegt?

Die Anker selbst können natürlich nicht unklar werden, man wird aber schwerlich vermeiden können, daß vor den Klüsen einige Schläge in die Ketten kommen. Um dieselben mit leichter Mühe zu beseitigen, sollte man darauf achten, daß wenn möglich ein Schekel dicht vor der Klüse ist.

Wodurch entsteht ein unklarer Anker, wenn das Schiff vor einem Anker liegt?

Dadurch, daß beim Schwaien das Schiff über den Anker hin treibt und die Kette sich dabei um die aufstehende Hand schlingt.

Was ist demnach das Haupterfordernis, um klar Anker zu halten?

Man muß, während das Schiff schwaiet, dasselbe so weit als möglich von seinem Anker, d. h. die Kette so steif als möglich zu halten suchen, was gewöhnlich mit Hülfe des Vorstengenstagsegels oder Klüfers geschieht.

Wenn ein Schiff in einer Gezeitströmung vor dem Backbordanker mit einem von vorn kommendem Winde reitet, was muß dasselbe thun, um klar Anker zu halten?

Wenn der Strom schwächer wird, so lege man das Ruder hart an Steuerbord, so daß das Schiff so weit als möglich nach Backbord hinüberschert. Tritt dann Stillwasser ein, so heißt man das Stagsegel oder den Klüfer und holt die Schote an Steuerbord an, so daß das Segel back liegt und das Schiff zum Abfallen zwingt. Ist dies so weit geschehen, daß das Segel über dem anderen Bug gut vollsteht, so läßt man die Schote übergehen, und nun wird das Schiff mit Hülfe des Segels so weit als möglich vom Anker absegeln, und sobald der Strom von der anderen Seite durchkommt, wird es mit dem Hintertheil über die Kette schwaien. Man legt nun das Ruder an Backbord, das Schiff schlägt weiter herum, und wenn es den Wind von hinten bekommt, wird das Stagsegel niedergeholt und das Schiff sackt vor dem Strom über Steuer.

Liegt man denn, wenn der Strom von vorn und der Wind von hinten kommt, mit dem Ruder mittschiffs gerade hinter dem Anker?

Wenn man dies thäte, so würde das Schiff bald nach der einen, bald nach der anderen Seite gieren. Man schert deßhalb mittelst des Ruders das Schiff seitlich ab.

Und wie würde man dasselbe abscheren?

So daß die Klüse, aus welcher die Kette fährt, dem Anker am nächsten ist. Man thut dies, damit die Kette nicht quer vor dem Stefen liegt und denselben beschädigt.

Wie müßte man also in dem ebengesetzten Falle das Ruder legen, sobald das Schiff durchgeschwaiet ist?

Man müßte dasselbe an Backbord liegen lassen.

Und wie würde man nun weiter verfahren, um das Schiff beim nächsten Stromwechsel klar zu schwaien?

Wenn die Gezeit schwächer wird, so wird die Wirkung des jetzt von hinten kommenden Windes die des Stromes überwiegen. Setzt man nun das Stagsegel mit der Backbordschote an Bord und läßt das Ruder an Backbord liegen, so wird das Schiff in den Strom aufsegeln, und zwar so weit als möglich vom Anker fort, welchen man an Backbord läßt. Gegen Stillwasser wird man den Anker ungefähr Backstagsweise nach hinten peilen, und wenn dann der Strom von der anderen Seite durchkommt, so legt man das Ruder um. Der Strom fällt jetzt auf das Ruder und Hinterschiff, so daß das Schiff über die Kette schwaiet und sich hinter den Anker legt. Das Stagsegel wird niedergeholt, wenn man so weit durchgeschwait ist, daß dasselbe zu killen anfängt.

Wie würde ein Schiff klar schwaien mit einem seitlichen Winde?

Man schert mit Hülfe des Ruders dann das Schiff so weit als möglich nach Leh hinüber, und wenn der Strom schwächer wird, setzt man das Stagsegel und holt die Schote an derselben Seite an, an der das Ruder liegt. Das Segel liegt nun back und treibt das Schiff rückwärts vom Anker weg. Wäre das Stagsegel nicht genügend, so könnte man irgend ein anderes Segel, z. B. das Kreuzsegel, setzen und dasselbe backbrassen. Kommt der Strom nun von der anderen Seite durch, so wird das Schiff ohne weiteres Zuthun klar schwaien. Man legt deshalb das Ruder mittschiffs und holt das Stagsegel nieder, sobald es vollzustehen anfängt.

Unter welchen Umständen kann man aber nur nach obigen Anweisungen verfahren ?

Nur dann, wenn die Gezeit stärker ist als der Strom.

Und wie würde man zu verfahren haben, wenn bei Stille das Stagsegel wirkungslos wäre ?

Man müßte dann versuchen mit Hülfe des Ruders allein das Schiff klar zu scheren, oder man müßte, so bald es Stillwasser zu werden beginnt, den Anker auf und nieder winden, und die Kette wieder ausstecken, wenn der Strom von der entgegengesetzten Seite durchkommt.

Welche Vorsichtsmaßregeln muß man anwenden, wenn ein Schiff auf einer Rhede vor Anker liegt, wo kein Strom läuft ?

So lange der Wind in derselben Richtung weht, wird der Anker klar bleiben, mit unbeständigem, häufig wechselnden Winde aber würde er leicht unklar werden. Man sollte deshalb von Zeit zu Zeit den Anker in Sicht winden, um sich zu überzeugen daß derselbe noch klar sei.

Wie muß ein vor Anker liegendes Schiff seine Rahen brassen ?

Bei mäßiger Briese braßt man alle Rahen vier-kannt, wird der Wind aber stärker, so werden die Rahen scharf angebraßt und in den Wind geholt, damit sie möglichst wenig Windfang haben. – Befürchtet man, daß die Kette bre-chen könnte, so kann man vorn und hinten gegenbrassen, und zwar so, daß das Schiff gleich den rechten Weg Schlags wird, wenn der gefürchtete Fall eintritt.

Unter welchen Umständen liegt ein Schiff am unruhigsten vor Anker ?

Wenn es vor dem Strom liegt und steife Briese von hinten hat.

Was würde man in diesem Falle thun, um das Gieren mög-lichst zu vermindern ?

Man stellt einen Mann an das Ruder, der durch Steuern das Schiff so viel als möglich stetig halten muß.

Was kann ein vor Anker liegendes Schiff anfangen, wenn es von einem Sturm überrascht wird ?

Ihm stehen zwei Wege offen. Es muß sich ent-weder entschließen, in See zu stechen oder den Sturm vor Anker auszuhalten. Im ersten Falle würde es wahrscheinlich mit Hülfe eines Springtaues auf die schon oben erwähnte Weise unter Segel gehen; und damit durch das Refen der Segel keine gefährliche Zögerung entsteht, ist es sehr zu empfehlen, in solchen Gewässern, wo schwere Winde zu erwarten sind, beim

Ankern zwei Refen in die Segel zu stecken. Beabsichtigt man, den Anker später wieder zu fischen, so muß man natürlich auf dem Anker sowohl als auf dem Springtau eine Boje haben.

Welche andere Vorsichtsmaßregel ist in diesem Falle ebenfalls von Wichtigkeit?

Man sollte, sobald das Schiff vor Anker liegt, mittelst einer genauen Kreuzpeilung das Besteck absetzen und den im Fall der Noth zu steuernden Kurs bestimmen.

Wie würde man denn im zweiten Fall verfahren?

Man nimmt Bramrahen und Bramstengen an Deck, und steckt bei Zeiten mehr Kette aus. Glaubt man dennoch, daß das Schiff ins Treiben geräth, so streiche man auch die Mars- und Unterrahen und lasse den zweiten Anker fallen.

Wie kann man sich denn von dem Treiben des Schiffes überzeugen?

Indem man das Seeloth über Bord wirft und beobachtet, ob das Schiff sich von demselben entfernt oder nicht.

Auf welche Weise wirft man den zweiten Anker?

Man legt das Ruder an die Seite, von welcher man den ersten Anker fallen ließ. Das Schiff giert dann nach der entgegengesetzten Seite, und darauf läßt man den Anker fallen.

Was muß geschehen, wenn auch vor beiden Ankern das Schiff treibt?

Dann muß man zum äußersten Mittel greifen und die Masten kappen.

Wie arbeitet man ein Rivier hinunter, wenn der Wind von vorn kommt und zum Kreuzen kein Raum ist?

Man muß dann mit dem Strom treiben, entweder vor schleppendem Anker oder mit beigesetzten Segeln.

Wie treibt man vor schleppendem Anker?

Da die Strömung dieselbe Wirkung auf das Ruder ausübt, als die Fahrt des Schiffes, so kann man, indem man den Anker soweit einwindet, daß er mit durchgeht, das Schiff mittelst des Ruders quer über den Strom scheren. Man treibt also den Strom hinunter und schert, wie die Richtung des Fahrwassers dies erfordert, das Schiff nach dem einen oder anderen Ufer hinüber, langsamer oder schneller, jenachdem man weniger oder mehr Kette einwindet. Verliert man zuviel Grund, so bringt man das Schiff für den Augenblick gänzlich auf und fängt von Neuem an.

Und wie treibt man mit beigesetzten Segeln?

Entweder mit dem Bug oder mit der Breitseite gegen den Strom gekehrt.

Das erste Verfahren wird angewandt, wenn das Fahrwasser sehr enge ist oder viele Schiffe vor Anker liegen und ist langsamer als das zweite, welches in geräumigeren Rivieren zur Anwendung kommt.

Wie führt man das erste Verfahren aus ?

Man windet den Anker auf, braßt die Rahen voll und setzt soviel Segel, daß das Schiff steuerfähig wird und sich wenn nöthig nach irgend einer Seite scheren läßt. Natürlich muß die Wirkung des Stromes die der Segel überwiegen, da man sonst keinen Raum gewinnen könnte.

Wodurch ermöglicht man das zweite Verfahren ?

Durch Back- und Vollbrassen.

Auf welche Weise ?

Man setzt die Marssegel, Klüfer und Besahn, bei flauer Briese auch Bramsegel, braßt die Rahen einander entgegen und treibt stromab. Wünscht man nun, daß das Schiff gleichzeitig vorausgehe, so braßt man voll, soll es über Steuer gehen, so braßt man überall back. Schnelleres Abfallen oder Anlufen befördert man durch Setzen und Bergen des Klüfers und der Besahn. Nähert man sich dem Ufer, so braßt man voll, so daß das Schiff Fahrt bekommt, und wendet oder halset. Kommt der Wind etwas aus dem Lande, so halte man sich soviel als möglich am Lufufer, und unter allen Umständen versäume man nicht, den Anker fortwährend zum Fallen klar zu halten.

Setzen, Refen und Bergen der Segel

Wie werden die Untersegel beigesetzt ?

Nachdem das Segel losgemacht ist, werden zunächst die Bauchgurten überholt; dann wirft man das Lufgeihtau los und holt den Hals nieder. Darauf fiert man das Lehgeihtau ab und holt die Schote an.

Geschieht dies immer auf diese Weise ?

In schwerem Wetter bei gereften Segeln zieht man vor, zuerst die Schote bis beinahe auf ihr Merk anzuholen; dann setzt man den Hals nieder und holt zuletzt die Schote völlig an.

Wie werden die übrigen Rahsegel gesetzt ?

Bei leichter oder mäßiger Briese wird auch bei den Mars- und Bramsegeln, nachdem sie losgemacht und die Bauchgurten überholt sind, zuerst die Luf- und dann die Lehschote oder auch beide gleichzeitig vorgeholt, was durch das Ueberholen der Geihtaue erleichtert wird.

Dann wird die Rah geheißt und schließlich mit den Brassen getrimmt.

Was geschieht mit den Brassen während des Aufheißens?

Die Lehbrasse wird losgeworfen und die Lufbrasse in dem Maße abgefiert, als das Aufheißen es erfordert.

Wie setzt man aber bei schwerem Winde ein doppelt- oder dichtgereftes Marssegel?

Dann holt man, wie bei den Untersegeln, zuerst die Lehschote und dann die Lufschote vor, und heißt darauf die Rah. Das schwere Schlagen des Segels wird auf diese Weise leichter vermieden, als wenn man die Lehschote zuletzt anholt.

Wie setzt man die Schrägsegel?

Ist das Segel losgemacht, so wirft man die Lufschote ganz los und holt die Lehschote an. Dann heißt man das Segel auf, wobei man die Schote soviel wie nöthig abfiert. Der Mann am Ruder hat so zu steuern, daß das Segel während des Heißens und Anholens der Schote nicht voll kommt.

Wie setzt man ein Oberleesegel?

Nachdem die Falle eingeschoren und die Spieren ausgebracht sind, steckt man das Segel an und holt dasselbe mittels des Begeihers zusammen, damit während des Heißens der Wind nicht hineinfallen kann. Der Begeiher wird dann vor dem Block im Schothorn in ein Bündel aufgeschossen, das sich durch einen Ruck an dem an Deck laufenden Ende lösen läßt. Dann heißt man das Segel, und wenn dasselbe in der Höhe der Unterrah ist, holt man den Hals vor und heißt weiter, indem man mittelst des Begeihers die Rah hinter das Marssegel zu setzen sucht. Während des Aufheißens muß ein Mann bei der Schote sein, deren Ende vorher immer festgesetzt sein muß.

Wird denn die Rah des Leesegels immer hinter das Marssegel gesetzt?

Nein, nur an der Lufseite. Setzt man aber mit sehr raumem Winde ein Leesegel in Leh, so setzt man die Rah vor das Hauptsegel.

Wie werden die Untersegel gereft?

Soll ein Untersegel gereft werden, so muß man dasselbe zuvor aufgeihen. Darauf holt man zuerst die Luf- und dann die Lehreftalje vor, wobei man möglicherweise die Geihtaue etwas abfieren muß. Dann gehen die Leute hinauf; der Lufstechbolzen wird zuerst eingeschoren, ausgeholt und belegt, und die ganze Mannschaft zieht, um diese Arbeit zu erleichtern, das Segel lufwärts. Dann wird auf dieselbe Weise das Segel in Leh ausgeholt. Der Stechbolzen ebenfalls festgemacht und das Segel aufgereft. Sind Leesegelspieren auf der Rah, so müssen dieselben vorher aufgefangen werden. Sobald die Mannschaft wieder an Deck ist, fiert man die Reftaljen ab und setzt das Segel bei.

Wie werden die Marssegel gereft, wenn ein Schiff beim Winde segelt ?

Man wirft die Lehbrasse los, holt die Rah etwas auf und wenn das Segel los kommt, läßt man die Rah laufen. Man belegt nun die Brassen und holt die Reftaljen aus, und zwar zuerst an der Luf- und dann an der Lehseite. Zugleich holt man auch die Bauchgurten durch, um das Segel so weit als möglich zu dämpfen. Dann läuft die Mannschaft nach oben. Der Lufstech-bolzen wird ausgeholt, indem die auf der Rah befindliche Mannschaft das Segel lufwärts zieht. Darauf holt man auch in Leh aus und reft schließlich auf. Etwa auf der Rah befindliche Spieren müssen natürlich vorher aufgefangen werden. Sind die Leute wieder an Deck, so wirft man die Reftaljen los, heißt das Segel und trimmt die Rah mittelst der Brassen. Alle drei Marssegel werden in diesem Falle auf dieselbe Weise gereft.

Worauf hat der Mann auf der Nock beim Refen besonders zu achten ?

Die Kausch des einzusteckenden Refs muß außerhalb derjenigen des vorhergehenden Refs und gut frei von derselben liegen, dabei auch steif an die Rah geholt sein.

Ferner muß der Stechbolzen klar vor den
Bramschoten geschoren werden, und zuletzt
darf nicht vergessen werden, die Stechbolzen
der noch übrigen Refe wieder mit nach binnen
zu nehmen.

Was hat der Mann am Ruder während des Refens zu beobachten?

Er muß das Segel killend erhalten, um der
Mannschaft auf der Rah die Arbeit zu erleichtern. Der auf Deck befindliche Offizier sollte
hierauf sein Augenmerk richten und dem Steurer die nöthigen Befehle geben.

Wie verfährt man beim Refen, wenn das Schiff vor dem
Winde segelt?

In diesem Falle reft man zuerst das Vormarssegel, indem man das Schiff platt vor dem
Winde hält. Das große Marssegel nimmt dann
beinahe vollständig den Wind aus dem Vormarssegel, und dieses läßt sich deshalb sehr
leicht auf die gewöhnliche Weise refen.

Wie reft man dann aber das große Marssegel und Kreuzsegel?

Man holt die Rahen dann auf der Seite an, von
welcher der Wind einkommt, indem man
gleichzeitig etwas anluft. Kommt dann das
Segel los, so holt man die Reftaljen vor und verfährt wie gewöhnlich.
Käme der Wind recht von hinten, so wäre es

gleichgültig, nach welcher Seite man anbrassen und lufen wollte.

Wie steckt man ein Ref aus den Marssegeln?

Man holt die Reftaljen steif und belegt dieselben. Dann gehen zwei Mann nach oben, welche von der Stenge nach der Nock hin jede einzelne Refzeising lösen. Darauf werden die Stechbolzen losgemacht und auf beiden Seiten gleichzeitig abgefiert.

Schließlich werden, sobald die Leute wieder nach binnen gekommen sind, auch die Reftaljen weggefiert und man heißt das Segel auf. Der auf Deck befindliche Offizier muß besonders darauf achten, daß keine von den Refzeisingen fest bleibt, da hierdurch beim Abfieren der Stechbolzen sehr häufig das Segel zerreißt.

Wie birgt man ein Bramsegel?

Man läßt die Rah laufen, indem man dieselbe gleichzeitig etwas aufbraßt, steckt dann die Lehschote auf und geiht dieselbe auf, wobei man zugleich die Bauchgurten durchholt. Darauf fiert man auch die Lufschote ab, geiht dieselbe auf, holt die Bauchgurten vollständig vor und macht das Segel fest.

Wie wird bei schwerem Winde ein doppelt- oder dichtgereftes Marssegel aufgegeiht?

In diesem Falle ist es meist gebräuchlich, nachdem die Rah niedergefiert ist, zuerst die Lufschote abzufieren und aufzugeihen, wobei zugleich die Bauchgurten soviel als möglich durchgeholt werden. Dann wirft man auch die Schote in Leh los, geiht dieselbe auf, holt die Bauchgurten völlig vor und beschlägt das Segel. Die Rah sollte in dem Augenblick in den Wind gebraßt werden, wie die Lehschote aufgesteckt wird.

Geiht man denn unter allen Umständen die Lufschote zuerst auf?

Wenn in einer Böh der Stenge Gefahr droht, so ist es vorzuziehen, zuerst in Leh aufzugeihen, weil es dann darauf ankommt, so schnell als möglich die Wucht des Windes aus dem Segel zu nehmen. Wollte man also zuerst die Lufschote aufgeihen, so würde während dieser Zeit die größere Hälfte des Segels in Leh noch vollstehen und der Druck des Windes würde wenig vermindert werden, während er beinahe gänzlich aufgehoben wird, wenn die Lehschote zuerst geborgen wird.

Wie werden die Untersegel aufgegeiht?

Von den Untersegeln gilt dasselbe als von den Marssegeln. Bei mäßiger Briese können Hals und Schote gleichzeitig losgeworfen und aufgeholt werden. Bei hartem Winde geiht man gewöhnlich zuerst den Hals auf, holt gleichzeitig so weit als möglich die Bauchgurten und Nockgurten durch, geiht dann die Schote auf, holt Bauchgurten und Nockgurten völlig vor und macht das Segel fest.

Wie geiht man ein Gaffelsegel auf?

Man wirft den Ausholer los und holt vorzugsweise die Lehgeihtaue durch, von den Lufgeihtauen aber nur die Lose. Wollte man die Lufgeihtaue am meisten durchholen, so würde der Wind im Segel sich fangen und die Arbeit erschweren.

Wie wird ein Klüfer niedergeholt?

Man wirft das Fall los und holt das Segel soweit nieder, als die bis jetzt noch feststehende Schote dies erlaubt. Dann fiert man die Schote ab und holt das Segel vollends nieder. Bei hartem Winde wird man jedoch nicht vermeiden können, daß das Segel mehr oder weniger schlägt.

Wie würde man denn verfahren, wenn man befürchtet, durch das Schlagen des Segels dasselbe zu verlieren?

Man hält das Schiff vor dem Winde, bis die Segel des Fockmastes den Wind aus den Klüfern nehmen. Sobald dies der Fall ist, kann das Segel bequem und gefahrlos niedergeholt werden.

Wie wird ein Oberleesegel eingeholt?

Man fiert das Fall und holt das Segel vermittelst des Begeihers auf die Nock der Spiere, steckt dann den Hals auf und holt nun mittelst der Schote und des Begeihers das Segel an Deck.

Wenn ein Schiff Ober- und Unterleesegel fährt und dieselben bergen muß, welches von beiden muß man zuerst einholen ?

Zuerst das Unterleesegel. Wollte man umgekehrt zuerst das Oberleesegel bergen, so würde durch das Loswerfen des Halses die Spiere gefährdet sein.

Wie muß man beim Bergen der Segel verfahren, wenn ein beim Winde segelndes Schiff von einer Böh überrascht wird ?

Das erste muß sein, die Besahn und dann das Großsegel aufzugeien, damit man das Schiff so schnell als möglich zum Abfallen bringen kann. Ist dies und zwar so früh als möglich geschehen, so holt man die Stagsegel und Klüfer nieder, wirft die Falle der Rahsegel los und geiht die Rahen auf die Kappe herunter. Müßten auch die Marssegel geborgen werden, so müßte man die Rah laufen lassen, niedergeihen und die Reftaljen ausholen, jedoch nicht die Schoten loswerfen.

Würde man dann die Bramschoten auch stehen lassen ?

Man sei wenigstens nicht zu voreilig, dieselben loszuwerfen und das Segel in der Böh aufzugeihen, da gerade hierdurch die meisten Segel verloren werden. Wenn die Rah herunter ist, wird das Segel, auch wenn die Schoten stehen bleiben, der Stenge wenig Gefahr bringen, und kann nach der Böh beliebig gehandhabt werden.

Könnte man denn das Schiff nicht in den Wind schießen lassen?

Kleinere Fahrzeuge ohne Rahen könnten dies allerdings, indem sie ihre Gaffeln niederwerfen, sobald das Schiff im Winde liegt. Rahschiffe jedoch dürfen dies niemals thun, da die Segel dann sehr leicht back schlagen und auf diese Weise das ganze Zeug gefährden.

Wie würde man verfahren in einer Böh, wenn man Leesegel gesetzt hat?

In diesem Falle muß man natürlich zuerst die Leesegel bergen, ehe man die Rahen laufen lassen kann. Ist die Böh aber schwer, so werfe man lieber die Falle und Halsen der Leesegel ganz los, damit vor allen Dingen die Rahen so schnell als möglich niedergegeiht werden, denn es ist besser ein Leesegel als eine Stenge zu verlieren. In den meisten Fällen wird man übrigens die Leesegel nach der Böh über den Stagen hängend finden und kann sie nachträglich bergen.

Wie schlägt man in schwerem Wetter ein Marssegel an?

Man holt das letzte Ref des Segels längs Deck aus, klappe die Schothörner nach binnen, rollt das Segel vom Unterleich an bis zum letzten Ref auf und knotet die Zeisinge des letzten Refs um diesen so aufgetuchten Fuß des Segels. Die Schothörner werden dabei aber außerhalb des Segels gelassen, damit man die Geihtaue und

Schoten einscheren kann. Darauf knotet man auch das zweite und zuletzt das erste Ref um den Fuß des Segels, und heißt dasselbe dann mittelst des Lufgeihtaus und des Bauchgurts auf. Hierauf schlägt man dasselbe an, steckt nach einander die Refen ein und setzt schließlich das dichtgerefte Segel. Auf diese Weise wird nie mehr als ein Ref der Wirkung des Windes ausgesetzt. – Auf andere Weise könnte man auch die Segel anschlagen, indem man von oben alle drei Refen in ein Band knotet und dann den Fuß des Segels um den oberen Theil mit besonderen Zeisingen beschlägt. Das Segel wird dann aufgeheißt, man macht die Nockbendsel fest und schlägt das Segel mit dem dritten Ref an die Rah. Dann löst oder schneidet man die Zeisinge vom Fuß und setzt das Segel dichtgereft bei. Man kann dann, wenn das Wetter besser wird, das Segel leicht wie sich gehört anschlagen.

Wenden, Halsen, Lenzen, Beiliegen

Auf welche Weise kann ein Schiff, das beim Winde segelt, über den anderen Bug gelegt werden?

Durch Wenden oder Halsen.

Was versteht man unter diesen Ausdrücken?

Beim Wenden oder Stagen luft das Schiff und geht durch den Wind, beim Halsen fällt das Schiff ab und geht vor dem Wind herum.

Wie wendet man ein Schiff?

Man hält die Segel gut voll, damit das Schiff möglichst viel Fahrt bekommt und dem Ruder besser gehorcht. Dann legt man das Ruder in Leh, wirft gleichzeitig die Klüferschoten los und holt den Besahnsbaum lufwärts. Das Schiff wird jetzt hart anlufen, und wenn der Wind in der Richtung der Rahen weht, werfe man die Halsen und Schoten der Untersegel los und überhole dieselben, damit sie beim Herumbrassen nicht hindern, lasse aber die Bugleinen stehen. Sobald nun der Wind recht von vorn kommt oder vielleicht schon etwas früher wirft man die große Bugleine und die entsprechenden Brassen los und holt die Hinterrahen, d. h. die großen Rahen und die Kreuzrahen, herum und setzt Hals und Schote vom Großsegel nieder, welches leicht geschieht, so lange noch die Segel des Fockmastes denen des großen Mastes den Wind entziehen. In der Zwischenzeit und zwar ebenfalls wenn der Wind recht von vorn kommt, müssen auch die Klüferschoten überholt werden. Das Schiff fällt nun nach der anderen Seite ab, und sobald die Hintersegel voll kommen, wirft man die Fock-Bugleine und Vorbrassen los, holt die Rahen vorn herum und setzt Fockhals und Schote nieder.

Was hat man zu thun, wenn das Schiff nach der Wendung zuviel abfällt?

Man fiert die Klüferschoten ab, um das Lufen zu erleichtern. Weiß man aber vorher, daß das Schiff diese Eigenschaft hat, so holt man dieselben nicht früher an, als bis das Schiff nach der Wendung wieder anfängt zu lufen.

Was geschieht mit dem Ruder während der Wendung?

Das Ruder soll die Wendung beschleunigen helfen. Geht das Schiff aber über Steuer, so wirkt dasselbe in entgegengesetzter Weise als wenn es vorausgeht. So lange das Schiff Fahrt nach vorn hat, lasse man das Ruder in Leh liegen; ist die Fahrt gehemmt, was bei den meisten Schiffen etwa dann eintritt, wenn die Hinterrahen umgelegt sind, so lege man das Ruder mittschiffs, oder falls das Schiff über Steuer gehen sollte, auf die andere Seite, jedoch nicht zu weit über. Besonders gute Segler behalten wohl während der ganzen Wendung Vorausgang, und da müßte man also auch das Ruder in Leh liegen lassen.

Wie sollen die Rahen nach der Wendung getrimmt werden?

Die Unterrahen brasse man scharf an, hole jede der oberen Rahen aber etwas mehr auf als diejenige, die sich unmittelbar darunter befindet. Die Abtrift wird hierdurch sehr vermindert, und da die oberen Segel von Haus aus besser kant gesetzt werden können als die Untersegel, so werden sie trotz des Aufbrassens immer noch mit diesen vollstehen. Fährt ein Schiff kleine Segel in hoher See, so müßte man auch die Unterrahen etwas aufholen, weil sonst durch das Spiel des Mastes die Rahen gefährdet sind.

Kann man immer mit allen Segeln wenden?

Bei mäßiger Briese und voller Mannschaft allerdings. Bei frischer Briese aber und viel Fahrt geiht man gewöhnlich das Großsegel auf, wodurch die Arbeit sehr erleichtert wird. Viele Fahrt beschleunigt auch die Wendung, das Herumbrassen der Hinter- und Vorderrahen muß deshalb auch sehr schlagfertig und etwas

früher geschehen als gewöhnlich, da das Schiff
sonst stark über den anderen Bug abfallen
würde.

Was hat man zu thun, wenn ein Schiff das Wenden versagt?

Wenn das Schiff wieder abfällt, ehe die Hinterrahen herumgebraßt sind, so holt man die
Halsen und Schoten der Untersegel wieder an,
fiert die Besahnschote ab und holt die Klüferschote nach der Lufseite über, um das Abfallen
zu beschleunigen. Sobald die Rahsegel wieder
voll stehen, hole man auch die Klüferschoten
wieder über, die Besahnschote an, halte die
Segel gut voll und versuche die Wendung zum
zweiten Male.

Fällt das Schiff aber wieder ab, nachdem hinten
herumgebraßt und das Ruder umgelegt ist, so
lege man das Ruder wieder in Leh, da das Schiff
über Steuer gehen wird, hole die Hinterrahen
vierkant, die Klüferschote lufwärts über und
fiere die Besahnschote ab. Das Schiff wird jetzt
ebenfalls schnell wieder abfallen, und wenn die
Segel über dem vorigen Bug wieder voll stehen
können, brasse man die Hinterrahen an und
trimme Klüfer, Großsegel und Besahn wie
erforderlich.

Was sind denn die Ursachen, aus denen ein Schiff das
Wenden versagt?

Ein Schiff wird gewöhnlich das Wenden versa-
gen, wenn es wenig Wind und also auch wenig
Fahrt hat; wenn eine hohe See von vorn steht

und wenn es unvortheilhaft belastet ist, d. h. wenn es hinten zu tief geht. Man muß in diesen Fällen halsen, um das Schiff über den anderen Bug zu bringen.

Wie hat man beim Halsen zu verfahren ?

Man gehe Großsegel und Besahn auf, hole das Ruder auf und brasse die Hinterrahen auf in demselben Maße als das Schiff abfällt. Hat man leichte Briese, so halte man mittelst der Brassen das große Marssegel eben voll und das Kreuzsegel killend; hat man gute Briese, so halte man beide killend.

Kommt der Wind recht von hinten, so werfe man Fockhals und Schote los, hole die Klüfer über und brasse die Vorderrahen vierkant.

Kommt schließlich der Wind von der anderen Seite, so hole man die Hinterrahen scharf an, setze Besahn und Großsegel bei, und so wie das Schiff luft, brasse man die Vorderrahen an, hole Fockhals und Schote an, setze die Klüfer und stetige die Fahrt mit dem Ruder.

Welchen Nachtheil hat das Halsen ?

Da das Schiff während des ganzen Manövers Fahrt behält, so wird die Drehung nur in einem großen Bogen geschehen können und das Schiff wird deshalb viel Raum verlieren. Wo dies also nicht geschehen darf, wie z. B. unter einer Lehküste, da ist auch das Halsen immer ein sehr nachtheiliges Manöver.

Hat man denn, wenn ein Schiff das Wenden versagt und zum Halsen keinen Raum hat, kein anderes Mittel, um dasselbe über den anderen Bug zu bringen?

Ja, man kann backhalsen.

Wie hat man dabei zu verfahren?

Man legt das Ruder in Leh und wirft die Klüferschoten und Leh-Vorderbrassen los, um die Fahrt zu hemmen. Kommt dann das Schiff dicht an den Wind, so wirft man Halsen und Schoten der Untersegel los, geiht Großsegel und Besahn auf, braßt die Hinterrahen vierkant, die Vorderrahen scharf back und holt die Klüferschoten lufwärts über. Das Schiff fällt nun schnell ab, und da es über Steuer geht, so bleibt das Ruder liegen, um das Abfallen zu unterstützen. Kommt der Wind dann von hinten, so wird das Schiff Fahrt voraus bekommen. Man legt deshalb das Ruder um, holt den Klüfer nieder, und wenn der Wind von der anderen Seite einkommt, setzt man Großsegel und Besahn, und braßt die Hinterrahen vollständig herum. Das Schiff luft jetzt hart an; man braßt deshalb die Vorderrahen scharf an, heißt den Klüfer und holt das Ruder auf.

Kann das Manöver noch auf andere Weise ausgeführt werden?

Man braucht das Schiff nicht vorher anlufen zu lassen, sondern man kann gleich Großsegel und Besahn aufgeihen, das Ruder hart aufholen, die Hinterrahen vierkant und die Vorderrahen

scharf back brassen, und die Klüferschoten lufwärts über holen. Sobald das Schiff über Steuer
geht, legt man das Ruder um. Der Rest des
Manövers ist dem vorhergehenden gleich.

Welches sind die Schwierigkeiten dieser Manöver?

Um dieselben schlagfertig auszuführen, muß
man eine starke Bemannung haben, da die
Vorder- und Hinterrahen gleichzeitig herumge-
holt werden müssen.

Wie würde man denn verfahren, wenn das Schiff nicht stark
bemannt ist?

Man geihe dann Großsegel und Besahn, nöthigenfalls auch die Fock auf, lege das Ruder in
Leh, und wenn das Schiff in den Wind kommt,
hole man die Hinterrahen vierkant, lasse aber
die Vorderrahen stehen. Das Schiff wird jetzt
gleichfalls abfallen und zugleich über Steuer
gehen, weshalb man das Ruder in Leh liegen
läßt.

Kommt der Wind von hinten und das Schiff
bekommt Fahrt nach vorn, so legt man das
Ruder um, holt den Klüfer nieder, falls derselbe
beisteht, und braßt die Hinterrahen an. Darauf
holt man auch die Vorderrahen herum und
setzt die Besahn nebst den übrigen Segeln.

Welches sind die Nachtheile des Backhalsens?

Die rückgängige Bewegung des Schiffes kann
besonders in hoher See dem Ruder gefährlich
werden, und bei stürmischem Wetter könnte

das Zeug durch das Backbrassen der Segel leiden. Man wendet deshalb ohne Noth diese Manöver nicht gern an.

Wie wendet man mit Hülfe des Ankers?

Man macht den Anker klar zum Fallen, schekelt 30 Faden Kette ab und näht das Ende an einen Ringbolzen in der Nähe des Spills. Dann verfährt man wie beim gewöhnlichen Wenden, und wenn das Schiff in den Wind kommt, läßt man den Lehanker fallen. Wenn die Kette nicht bricht, wird das Schiff durch den Wind gehen; man lege dann das Ruder um, schlippe den Anker, brasse hinten und zuletzt vorn herum und trimme die übrigen Segel. Dies Manöver erfordert natürlich Ankergrund, könnte also möglicherweise unter einer Lehküste angewendet werden, wo das Schiff weder wenden will noch halsen kann und in Gefahr ist zu stranden; es kommt übrigens für Kauffahrteischiffe seiner Schwierigkeit wegen beinahe ganz außer Frage.

Was hat man zu thun, wenn ein beim Winde segelndes Schiff in den Wind schießt und durchzudrehen sucht?

Das erste ist unter entsprechender Aufholung des Ruders die Klüferschoten lufwärts übers Stag zu holen, die Besahnschoten abzufieren und vielleicht auch die große Schote aufzugeihen. Hilft dies jedoch nichts mehr, so hole man die Vorderrahen scharf back und lege das Ruder um, sobald das Schiff über Steuer geht. Es wird dadurch wahrscheinlich zum Abfallen gebracht werden.

Wie aber hätte man zu verfahren, wenn der Wind ausschießt und aus Leh kommt, so daß es zu den vorhergehenden Manövern zu spät ist?

Dann lasse man die Vorderrahen stehen, geihe die Besahn auf und hole die Hinterrahen vierkant. Das Schiff wird jetzt schnell abfallen, die Hinterrahen werden wieder getrimmt, sobald die Segel voll kommen, und das Schiff wird vollständig herumkommen und wieder über dem ursprünglichen Bug liegen, ohne daß die Vorderrahen angerührt werden. Die Lage des Ruders muß eine der Wendung förderliche sein und hängt vom Vorausgang oder Rückgang des Schiffes ab.

Was hat man zu thun, wenn man zu irgend einem Zweck, z. B. um zu lothen oder ein Boot auszusetzen, die Fahrt aus dem Schiff bringen will?

Es wird zuweilen genügen, scharf anzulufen und die Segel killend zu erhalten, bis die Arbeit vollendet ist. Aber abgesehen davon, daß dies immer nur auf kurze Zeit möglich ist, kann die Fahrt auch dadurch nur vermindert, nicht gehemmt werden.

Und wie würde man denn die Fahrt gänzlich hemmen?

Man geiht dann gewöhnlich Fock- und Großsegel auf und braßt dann entweder die Vorderrahen oder die Hinterrahen back. Durch Erfahrung muß es festgestellt sein, ob das Schiff besser mit dem Vor- oder großen Marssegel backgebraßt beiliegt. Sollte das Schiff in dieser Lage zu viel abfallen, so hole man die Klüfer nieder. Segelt man vor dem Winde, so müssen natürlich die Leesegel vorher eingenommen werden.

Vor welchen Segeln lenzt man am besten ?

Die besten Segel zum Lenzen sind das dichtgerefte große Marssegel, das doppelt- oder dichtgerefte Vormarssegel und, falls man noch ein drittes Segel fahren will, die gerefte Fock. Auch setze man das Vorstengenstagsegel, damit das Schiff leichter abfällt, wenn es zu lufgierig sein sollte.

Soll man beim Lenzen viel oder wenig Segel fahren ?

Hat man sich zum Lenzen entschlossen, so sollte man so viel Segel fahren als möglich, denn je größer die Schnelligkeit des Schiffes ist, desto weniger Gefahr läuft es, eine See übers Heck zu nehmen, und desto genauer folgt es dem Ruder. Schnelle, gut steuernde Schiffe können deshalb auch immer länger lenzen als solche, die die entgegengesetzten Eigenschaften besitzen.

Was ist außerdem beim Lenzen sehr wesentlich ?

Daß ein guter Steurer am Rade steht, der das Schiff nicht aus dem Ruder laufen läßt. Ein mittelmäßiger Steurer könnte das Schiff entweder zu viel anlufen lassen, so daß es von selbst beidreht, oder es könnte zu viel abfallen, so daß der Wind von der Lehseite einkommt. Beides ist gefährlich, da das Schiff quer vor die See gebracht wird und leicht Sturzseen schöpfen kann.

Was hat man zu thun, wenn man nicht länger lenzen kann ?

Man muß beidrehen.

Wie geschieht dies ?

Man hat beobachtet, daß einer ungewöhnlich hohen See gewöhnlich noch zwei andre folgen, und daß darauf für eine Zeitlang verhältnismäßig ruhiges Wasser eintritt. Dies also ist der rechte Augenblick zum Beidrehen. Man geihe so schnell als möglich Fock und Vormarssegel auf, lege das Ruder in Leh, brasse die Hinterrahen an, darauf die Vorderrahen, und mache schließlich Fock und Marssegel fest.

Soll man schnell oder langsam beidrehen ?

Die größte Gefahr tritt dann ein, wenn das Schiff die Breitseite der See darbietet, da es in dieser Lage am leichtesten Sturzseen übernimmt.

Je kürzer demnach die Zeit ist, während welcher das Schiff quer vor der See liegt, desto geringer ist die Gefahr, und je schneller man also beidreht, desto besser ist es.

Unter welchen Segeln liegt ein Schiff am besten bei ?

Das hängt von der Bauart des Schiffes ab und muß durch Erfahrung festgestellt sein. Die meisten Schiffe liegen am besten vor dem dichtgereften Marssegel und Vorstengen-Stagsegel bei; andere erfordern noch ein Hintersegel, wie z. B. das große Gaffelsegel.

Wie muß das Ruder liegen während des Beiliegens ?

Man muß das Ruder in Leh legen, jedoch nicht ganz an Bord, da es in dieser Lage am leichtesten von der See beschädigt werden kann. Ein schlechter, aber ziemlich häufig in Anwendung kommender Brauch ist es, das Ruder zu laschen. Dies sollte nie geschehen; sind die Ketten lose, so daß das Ruder schwer stößt, so schlage man eine Dritthand auf das stehende Ende, welche man jeden Augenblick loswerfen kann.

Verhütung von Ansegelungen

Welche allgemeinen Regeln gelten bei Tage und sichtigem Wetter, um Ansegelungen zu vermeiden?

Segeln beide Schiffe beim Winde, so hat das über Backbord liegende seinen Kurs zu halten, das über Steuerbord liegende jedoch muß abhalten, so daß die Schiffe sich an Backbordseite passieren; segelt jedoch das eine Schiff vor dem Winde oder mit raumem Winde, so hat es dem beim Winde segelnden auszuweichen.

Gilt diese Regel auch, wenn das eine der beiden Schiffe ein Dampfer ist?

Dampfer werden betrachtet als Schiffe mit gutem Winde und haben demnach Segelschiffen auszuweichen.

Welche Vorsichtsmaßregeln sind bei mistigem Wetter vorgeschrieben?

Segelschiffe müssen, wenn sie unter Segel sind, alle fünf Minuten ein Hornsignal hören lassen; Dampfschiffe sollen, wenn sie im Gange sind, alle fünf Minuten ein Zeichen mit der Dampfpfeife geben. Segelschiffe aber sowohl als Dampfer sollen, wenn sie vor Anker liegen, alle fünf Minuten ein Glockensignal hören lassen.

Wenn aber ein Dampfer bloß unter Segeln arbeitet?

Dann tritt er in den Rang eines Segelschiffs und hat sich derselben Signale zu bedienen wie diese.

Welche Feuer haben die Schiffe bei Nacht zu zeigen?

Jedes Segelschiff hat an Steuerbord ein grünes und an Backbord ein rothes Feuer; Dampfer haben außer diesen noch ein helles Feuer am Vortop.

Was aber bedeutet es, wenn ein Dampfer zwei helle Feuer im Top in gerader Linie untereinander zeigt?

Der Dampfer hat dann ein anderes Schiff im Schlepptau, und bei etwaigem Ausweichen hat man also darauf Rücksicht zu nehmen.

Welche Lichtstärke sollen diese Feuer haben?

Die farbigen Seitenfeuer sollen bei dunkler, aber reiner Luft in einer Entfernung von 2 Seemeilen, das helle Feuer eines Dampfers aber in einer Entfernung von 5 Seemeilen sichtbar sein.

Wie müssen die Feuer aufgestellt sein?

Nach vorn dürfen die farbigen Feuer ihr Licht nicht auf die entgegengesetzte Seite des Vorderstefens werfen, nach hinten müssen ihre Strahlen 2^{str} weiter als querschiffs fallen. Das helle

Feuer des Dampfers muß nach vorn hin von beiden Seiten sichtbar sein, darf jedoch nach hinten ebenfalls seine Strahlen nur 2^{str} weiter als querschiffs werfen. Der Bogen des Horizontes, von dem nur eines der farbigen Feuer sichtbar ist, beträgt demnach 10^{str}, während der Bogen des Horizontes, von dem das helle Feuer wahrgenommen werden kann, doppelt so groß ist.

Was ist der eigentliche Zweck dieser Feuer?

Sie sollen lediglich die Richtung anzeigen, in der die Schiffe segeln.

Giebt es denn keine feste Regel, welche bei Gefahr der Ansegelung befolgt werden muß?

Nein. Es kann eine feste Regel nicht für alle Fälle gültig sein. Der Seemann muß sich vielmehr unter allen Umständen auf sein eigenes gesundes Urtheil verlassen.

Ist es also richtig, wenn man in allen Fällen das Ruder backbord legt?

Nein; es ist allerdings eine weit verbreitete, nichtsdestoweniger aber irrthümliche Meinung, daß man aller Verantwortung enthoben sei, sobald man das Ruder backbord legt.

Wie würde man z. B. verfahren müssen für den Fall, daß zwei Schiffe auf entgegengesetzten Kursen sich begegnen, von denen jedes das grüne Feuer des anderen sieht?

In den meisten Fällen würde man ruhig seinen Kurs steuern können; kämen die Schiffe jedoch so nahe, daß ein Zusammenstoß zu befürchten wäre, so würden beide in diesem Falle das Ruder steuerbord zu legen haben, um einander auszuweichen, während sie wahrscheinlich aufeinanderstoßen würden, wenn sie das Ruder backbord gelegt hätten.

Giebt es denn keinen Fall, wo die Regel zutrifft?

Wenn zwei Schiffe Stefen auf Stefen laufen, so daß ein jedes alle Feuer des andern sieht, so wäre es an und für sich gleichgültig, wohin das Ruder gelegt wird. Um in diesem Falle in Uebereinstimmung mit dem Gegensegler zu handeln, gilt die Regel, daß beide Schiffe das Ruder backbord legen.

Was darf aber durch die Bewegung des Ruders in allen Fällen nicht gestört werden?

Die Steuerfähigkeit des Schiffes.

Ist es demnach rathsam in dem Augenblick, wo eine Ansegelung zu befürchten ist, über Stag zu gehen?

Obschon es Fälle geben kann, in denen dieses Manöver gerechtfertigt ist, so ist es doch im Allgemeinen nicht zu empfehlen, weil man während des Wendens das Schiff nicht mehr in der Gewalt hat.

Verfahren bei einigen außergewöhnlichen Gelegenheiten

Wie setzt man Masten ein ?

Mit Hülfe eines Bocks.

Wie errichtet man einen Bock ?

Man hebt die Kopfenden der zum Bock bestimmten Spieren auf das Heck oder das Halbdeck, legt dieselben kreuzweise übereinander und näht sie zusammen. Dann lascht man den oberen dreischeibigen Block der Haupttakel unter das Kreuz und befestigt den unteren Block derselben Takel im Bug, etwa mittelst eines durch die Klüsen fahrenden Strops, und schert den Läufer der Takel ein. Dann schere man eine kleine Talje und schlage dieselbe oberhalb der schweren Talje auf eines der Hörner des Bocks. Darauf befestige man mit halben Stichen 4 Kopftaue um die Hörner des Bocks, von denen je 2 an beiden Seiten nach vorn und hinten fahren. Schließlich schlägt man an das Fußende jedes Beines zwei Taljen, von denen die eine nach vorn, die andere nach hinten fährt, setzt die nach hinten fahrenden Fußtaljen fest, nimmt den Läufer der schweren Takel zum Gangspill und windet den Bock auf. Dann belegt man die Kopftaue und bewegt nun mit Hülfe der Fußtaljen den Bock auf die für ihn bestimmte Stelle, indem man soviel als nöthig die Kopftaue abfiert beziehungsweise durchholt. Sollte der Bock zu flach liegen, so könnte man denselben vermittelst eines am Heck errichteten kleinen Bocks zuvor etwas lichten.

Welche Vorsichtsmaßregeln sind sonst noch beim Gebrauch eines Bockes zu beobachten?

Der Bock muß auf einem der Deckbalken stehen dem man durch Stützen im Zwischendeck eine noch größere Widerstandskraft geben kann. Ferner darf der Bock nicht unmittelbar auf dem Deck stehen, sondern er muß eine Schutzplanke unter dem Fuß haben, damit das Deck nicht beschädigt werde. Schließlich könnte man noch die Füße des Bocks zuvor über Deck mittelst einer Talje zusammenholen, damit die Wassergänge nicht zur Seite getrieben werden.

Welche Stellung muß der Bock haben?

Er muß etwas vor der Mastspur stehen und ein wenig hintenüber neigen, so daß er mit dem Deck ungefähr einen Winkel von 80° bildet.

Die schwere Takel muß lothrecht über der Mastspur hängen.

Wenn zur Errichtung eines Bocks keine besonderen Spieren an Bord sind, welche Reservehölzer eignen sich dann wohl am besten dazu?

Zwei Unterrahen, oder eine Marsstenge nebst Unterrah.

Wie verfährt man nun weiter beim Einsetzen des Mastes?

Liegt der Mast längsseit mit dem Top nach hinten und der Vorderseite nach oben, so schlage man die Haupttakel auf denselben, indem man den Block ein wenig oberhalb des Schwerpunktes entweder mittelst eines Strops befestigt oder ihn unmittelbar auf den Mast näht. Man schlage ebenfalls die kleinere Talje auf den Mast etwas unterhalb der Backen und nähe zwei Blöcke an den Top des Mastes, um Jolltaue einzuscheren. Dann windet man den Mast auf, und wenn derselbe binnenbords angekommen ist, kantet man ihn mittelst der kleinen Talje, leitet ihn über das Loch und fiert weg.

Welcher Mast wird zuerst eingesetzt?

Zuerst der Besahnmast, dann der große und zuletzt der Fockmast.

Wie setzt man denn das Bugspriet ein?

Man nimmt die vorderen Kopftaue des Bocks nach hinten, läßt den Bock sich vornüber neigen und schlägt dann die Haupttakel auf das Bug-spriet etwas innerhalb des Schwerpunkts. Vom Top des Bugspriets fahren 2 Taljen nach den Krahnbalken, und eine andere Talje wird auf den Fuß geschlagen. Man windet nun das Bugspriet auf und lenkt dasselbe mit Hülfe der kleineren Taljen am Top und Fuß.

Was hat man zu thun, wenn ein Schiff im Sturm durch Uebergehen der Ladung oder des Ballastes auf die Seite geworfen wird?

Man muß versuchen, das Schiff wieder aufzurichten. Zu dem Ende lasse man von der Lehseite des Hecks ein Kabeltau auslaufen, an dessen Ende eine oder mehrere Spieren befestigt sind. Da das Schiff schnell abtreibt, so wird das Tau die Wirkung haben, das Heck in den Wind zu bringen. Dann muß man wo möglich ein Springtau vom Lehbug aus auf das Kabeltau schlagen, dasselbe steif holen und zu gleicher Zeit das Kabeltau am Heck loswerfen. Hierdurch wird der Hintertheil durch den Wind gebracht werden; Wind und See kommen aus Leh und unterstützen das Schiff beim Aufstehen, welches natürlich durch Ueberwerfen der Ladung oder des Ballastes ebenfalls erleichtert werden muß.

Kann man denn diesen Zweck nicht auch durch das Kappen der Masten erreichen?

Nur in dem Falle, wo die Ladung nicht übergegangen ist. Es muß dies jedoch immer das letzte

Mittel sein, weil das Schiff dadurch gänzlich verkrüppelt wird.

Wie kappt man denn die Masten?

Zuerst kappt man die Lehwanten, haut etwa 4 – 5 Fuß über Deck eine Kerbe in die Lehseite des Mastes und kappt darauf die Stage und Lufwanten.

Wie aber kappt man die Masten, wenn das Schiff vor Anker liegt und der Wind recht von vorn kommt?

Dann kappt man die Wanten auf beiden Seiten zugleich, läßt aber das vorderste Haupttau auf beiden Seiten stehen. Darauf werden die Stage gekappt, und eins der beiden vordersten Haupttaue; damit fällt der Mast auf die Seite des noch feststehenden Haupttaues über Bord, schießlich wird auch dies gekappt.

Welchen Mast kappt man zuerst?

Zuerst den Besahnmast, dann den großen Mast. Ist es möglich einen Mast zu erhalten, so wählt man den Fockmast, weil durch diesen das Schiff am leichtesten regiert werden kann.

Was hat man beim Verlust des Ruders zu thun?

Man muß sogleich die Hinterrahen anholen, und die Vorderrahen gegenbrassen, und auf diese Weise beiliegen, bis man ein Nothruder verfertigt hat.

Wie verfertigt man dieses?

Es giebt viele Arten von Nothrudern. Folgendes ist die Beschreibung eines der einfachsten und zweckmäßigsten. – Das Ruder hat die Gestalt eines Rechtecks etwa 4 Fuß lang, 2 $\frac{1}{2}$ Fuß breit und 6 – 8 Zoll dick. Es wird aus Planken oder sonst geeigneten Hölzern zurecht gezimmert. In die Mitte der oberen und unteren Kante dieses Ruders wird ein Augbolzen getrieben, in die vordere Kante werden zwei eiserne Bügel von den Leesegelspieren eingeschraubt etwa 2 – 3 Fuß von einander entfernt, und längs der hinteren Kante werden auf beiden Seiten kurze Enden Ketten oben und unten befestigt, etwas länger als das Ruder, in deren Mitte der Steuerreep angebracht wird. Die Achse des Ruders ist eine starke Spiere, etwa eine Gaffel, die durch die eisernen Bügel fährt. Um das untere Ende dieser Spiere legt man mit halben Stichen eine Marsschotenkette; die Enden dieser Kette fahren auf beiden Seiten zum großen Want und werden durch Taljen steifgeholt, um die Spiere fest am Hinterstefen zu halten. Das obere Ende der Spiere wird auf Deck am Top des Hinterstefens festgelascht. Schließlich werden in die Augbolzen an der oberen und unteren Seite des Ruders Taue gesteckt, von denen das obere übers Heck auf Deck fährt, das untere aber zuerst durch einen Block, der unten an der Spiere befestigt ist, und dann ebenfalls an Deck. Mit Hülfe dieser Taue kann das Ruder an seiner Achse auf und nieder bewegt werden. Um die Spiere senkrecht längs des Hinterstefens zum Sinken zu bringen, beschwere man sie mit einem Warpanker, der, wenn der Zweck erreicht ist, geschlippt werden kann. Um das Steuern zu erleichtern, kann man noch auf beiden Seiten eine Leesegelspiere ausschieben, an deren Ende ein Block genäht ist. Der Steuerreep fährt dann nicht unmittelbar vom Ruder aus an Deck, sondern wird zuvor durch diesen Block geschoren und kommt dann erst auf Deck.

Wie verfertigt man ein Floß?

Man schiebt die beiden größten Spieren um etwas mehr als ein Drittel ihrer Länge über das Heck hinaus, so weit von einander als die Breite des Schiffes erlaubt. Quer über diese Spieren lascht man dann alle 2 – 3 Fuß andere, kleinere Hölzer, Leesegelrahen oder Spieren, und über diese Querhölzer legt man dann wieder zwei lange Spieren parallel mit den unteren Hauptspieren. Auf diese werden wiederum alle 2 – 3 Fuß Querhölzer befestigt, und darüber wieder längere Spieren, und so fährt man fort, bis keine Spieren mehr vorräthig sind. Dann werden Planken über die obersten Querhölzer genagelt, um ein Deck herzustellen, und an die Ecken des Floßes werden aufrechtstehende Leesegelrahen gelascht, welche durch Taue mit einander verbunden werden, um so eine Art von Verschanzung abzugeben. Das eine Ende des Floßes wird darauf gelichtet, und da schon mehr als ein

Drittel desselben außenbords ist, so wird man keine Schwierigkeiten haben, dasselbe zu Wasser zu bringen, besonders wenn man die untere Seite der Spieren mit Fett glättet.

Was hat man zu thun, wenn das Schiff einen Leck bekommt?

Das Erste muß sein die Oertlichkeit des Lecks ausfindig zu machen. Zuweilen läßt sich diese durch das Gehör im Raum entdecken, in den meisten Fällen aber wird man sich durch folgende Erwägungen leiten lassen müssen: Macht das Schiff mehr Wasser bei vermehrter Fahrt, so muß der Leck im Bug sein, macht es mehr Wasser bei verminderter Fahrt, so muß der Leck sich am Heck befinden. Macht das Schiff mehr Wasser, wenn es über Steuerbord liegt, so wird auch der Leck an dieser Stelle sein, macht es aber mehr Wasser über Backbord, so muß auch der Leck an der Backbordseite sein.

Wie stopft man denn nun ein Leck?

Ist der Leck dicht unter Wasser, so kann man ihn vielleicht beseitigen, indem man dem Schiffe durch das Hinüberschaffen schwerer Gegenstände auf die entgegengesetzte Seite eine Schlagseite verschafft. Ist der Leck tief unter Wasser, so ist es, wenn man ihn im Raum nicht stopfen kann, immer eine schwierige, wenn nicht unmögliche Sache, ihm beizukommen, besonders wenn er sich an der Seite oder hinten befindet. Man hat dann wohl versucht, einen Kasten mit Sägespänen, kleingehacktem Kabelgarn u. dgl. unterzutauchen in der Gegend, wo man den Leck vermuthet, damit diese Gegenstände sich in den Leck hineinsaugen, und so schlecht das Mittel auch erscheinen mag, so giebt es doch Fälle, in denen es gute Dienste geleistet hat. Ist der Leck im Bug, so ziehe man ein mit Fett bestrichenes Segel quer vorüber. Die Fahrt des Schiffes wird dasselbe fest an den Bug drücken und den Leck ziemlich wirksam stopfen.

Das griechische Alphabet.

A	α	Alpha	a		N	ν	Ny	n
B	β	Beta	b		Ξ	ξ	Xi	x
Γ	γ	Gamma	g		O	ο	Omikron	o
Δ	δ	Delta	d		Π	π	Pi	p
E	ε	Epsilon	e		P	ρ	Rho	r
Z	ζ	Zeta	z (sd)		Σ	σ	Sigma	s
H	η	Eta	ee (ä eh)		T	τ	Tau	t
Θ	θ	Theta	th		Y	υ	Ypsilon	y (ü)
I	ι	Iota	i		Φ	φ	Phi	f (ph)
K	κ	Kappa	k		X	χ	Chi	ch
Λ	λ	Lambda	l		Ψ	ψ	Psi	ps
M	μ	My	m		Ω	ω	Omega	oo (oh)